SDGs先進都市
フライブルク

市民主体の持続可能なまちづくり

中口毅博・熊崎実佳 著

学芸出版社

〈SDGs ロゴ、アイコン出典〉
1〜17章の扉および目次のマークは国連が定めた持続可能な開発目標17のそれぞれのアイコンです。序章および終章の扉および目次のマークは同じく国連によるSDGsロゴです。（国際連合・持続可能な開発目標　https://www.un.org/sustainabledevelopment/<https://www.un.org/sustainabledevelopment/sustainable-development-goals/>）
なおSDGsロゴ、アイコンの使用に拘わらず本書の内容は著者の見解によるもので、国際連合によって承認されたものでも、国際連合またはその役人もしくは加盟国の見解を反映するものでもありません。

はじめに

　国連が世界の共通目標として、SDGs（Sustainable Development Goals＝持続可能な発展のための目標）を2015年に決めてからまだ4年も経っていないが、書籍の通信販売サイトで検索すると、「SDGs」を冠する単行本は、2019年6月現在53冊もある。これらにはSDGsの17の目標の意味や国際的課題の解説、企業経営や教育への指針、具体的取り組みの紹介や行動のヒントなどが書かれている。しかし、地域の持続可能性や地域課題解決の取り組みなど、地域とSDGsの関係性について深く言及した本はごく少なく、これらの本を読んでも、持続可能な都市＝本書で言う「SDGs先進都市」の理想的な姿・形は見えてこない。これは、これまで私自身が共著者・編著者として関わった二つの著作にもあてはまる。

　私は語呂合わせが得意なので「SDGs先進都市」の定義＝必要条件を以下のような語呂で示したい。

　S：Shimin →市民主体の取り組み
　D：Douji →同時解決の取り組み
　G：Goal over Generation →世代を超えた明確な目標に基づく取り組み
　 s：Sekai →世界と繋がった取り組み

　私は**取り組みの大半がこの四つの条件に当てはまる都市こそが「SDGs先進都市」**を名乗るにふさわしいと考えている。ではこの定義に沿うと、「SDGs先進都市」は、日本にどれくらいあるであろうか？

　内閣府は「SDGs未来都市」として、2018年、2019年それぞれ約30の市町村・都道府県を指定したが、これらの都市はまだ発展途上であって、私が定義する「SDGs先進都市」のレベルには達しているとは言いがたい。具体的に言えば、SDGsに関する取り組みの大半は行政主導で実施されており、数分野で"市民参加"が行われていればまだ良いほうである。また、既存の施策を17の目標と紐つけしただけで、複数課題の同時解決の視点から組織横断的な新たな施策を打ちだしているところは少ないし、持続可

能な発展のための将来目標・指標を設定しバックキャスティング（未来を起点に今取り組むべきことを考える方法）で施策を選定していることは稀である。ましてや世界の国々や都市と連帯し、国際的課題を解決しようとしている自治体はごくごく少数である。

　一方海外の都市に目を転じてみると、「SDGs 先進都市」と言えそうな都市はいくつか存在する。本書で取り上げる**ドイツのフライブルク市は、上記の 4 条件に当てはまる都市の最右翼である。**本書は、SDGs の 17 のゴールに対応した 17 章で構成しているが、そのすべてがフライブルク市民もしくはフライブルク市役所による取り組みである。17 分野すべてを一つの都市でそろえられる自治体は日本には存在しないし、世界的に見ても稀であろう。

　本書の終章では、フライブルク市がなぜ「SDGs 先進都市」にもっとも近いと言えるのかという成立要因や、日本の自治体がフライブルク市に近づくための秘訣＝指針と取り組みのアイデアを紹介した。したがって本書は、内閣府の言う「**SDGs 未来都市**」を目指す自治体の"**指南書**"として**活用いただける**ものと確信している。むろん、フライブルク市とは違った形の理想型がいくつも存在すると思うが、少なくとも**自治体の首長や行政職員の行動指針や新機軸の政策実行のヒントになる書**である。

　繰り返すが、本書で詳述しているフライブルク市の SDGs に関する取り組みの主役も、社会・経済・環境の好循環の恩恵を受けているのも市民であり企業である。したがって本書は行政だけでなく、**SDGs の取り組みを実践する市民の活動指針として、また企業の地域レベルの CSR（社会貢献）や市場開拓のヒントとして**、幅広い読者に有用であるはずである。

　令和という新たな時代の幕が開けた。本書で紹介した取り組みをヒントに、日本でも多くの自治体・市民・企業が新たな一歩を踏み出し、多様な主体による地域課題解決の取り組みが実践されることを願ってやまない。

　　　　　　　　　　　　　　　　　2019 年 7 月　著者代表　中口毅博

目次

はじめに　3

序章　フライブルク市はなぜ「SDGs 先進都市」と言えるのか ───── 11

1　ドイツでもっとも「SDGs 先進都市」に近いまち ───── 12
　　　──フライブルク市

「SDGs 先進都市」像は「SDGs」の語呂で表現できる／SDGs にいち早く対応／ドイツ南西部に位置するフライブルク市／ドイツ有数の活力のある学園都市／生活環境の質も高い／フライブルク市はなぜ人気の町なのか？／原発反対運動をきっかけにソーラーシティへ／市民主導のローカルアジェンダ 21 の推進／環境政策から持続可能な発展政策へ／ローカルコンセプトからグローバルなコンセプトへ

2　推進のための行政システム ───── 22

フライブルク市議会／サステナビリティ評議会／市役所のサステナビリティ管理部門

第1章　貧困をなくそう ───── 25

1・1　貧困層へのケアと省エネ改修を同時に実現 ───── 26
　　　──ヴァインガルテン地区

住むのが好きな人が少ない地区／住民参加による市営住宅の改修／徹底した省エネ改修／生活支援や安全性・利便性向上の工夫／隣人関係・住民の繋がりの確立／省エネとコミュニティ再生を同時に実現

第2章　飢餓をゼロに ───── 32

2・1　市民の共同出資による有機農業 ───── 33
　　　──ガルテンコープ・フライブルク

新しい地産地消有機農業の始まり／野菜の配布方法も環境に配慮／持続可能な農業、食の安全、市民の交流と学び／イベントの例／持続可能な農業とそれを支える市民の相互作用

第3章　すべての人に健康と福祉を ─── 39

3・1 自然保育で身につく主体性
──ホイヴェーク森のようちえん
40

NPO法人が経営する森のようちえん／園舎はトレーラーハウス、園庭は森／1日の保育の様子／過度に介入せず自分で学ぶことで伸びる能力

第4章　質の高い教育をみんなに ─── 45

4・1 生徒の主体性を高めるエコワットプロジェクト
──シュタウディンガー総合学校
46

生徒が生徒に教える環境教育カリキュラム／エコワットプロジェクトによる省エネルギー／「フィフティー・フィフティー」の先駆け／自然と共生し・活かす「遊びの家」／主体性・社会性を重んじる教育スタイル

4・2 オールラウンド型の環境学習拠点
──エコステーション
53

公園の中にある公設民営の環境学習拠点／「緑の教室」／他の団体とのネットワークが多彩なプログラムを生む／市民向けプログラムの例／自由度の高さが学校や市民の環境学習活動を後押し

4・3 多種多彩なプログラムを有する生涯学習センター
──フォルクスホッホシューレ・フライブルク
61

民主主義のための生涯学習センター／政治から趣味まで／時代とともに変遷するプログラム／「すべての人のための教育」で人を幸せにする／60の市民団体との連携で実施されるプログラム

第5章　ジェンダー平等を実現しよう ─── 68

5・1 カフェや書店でジェンダー平等活動
──女性に対する暴力反対キャンペーン
69

書店やカフェも協力する「女性への暴力に反対する16日間」／多様なプログラム／国際的な活動とのリンク／まだまだ薄い行政や市民の関心

第6章　安全な水とトイレを世界中に ─── 73

6・1 水の問題に市民の立場からアプローチ
──レギオヴァッサー
74

硝酸塩など、目に見えにくい問題を提起／約36％の地下水が「悪い」状態／市内のドライザム川での自然再生の取り組み／「世界水の日」でボトル入り飲料に警鐘／きれいな水や美しい景観維持のための「縁の下の力持ち」

第7章　エネルギーをみんなにそしてクリーンに ―― 81

7・1　市民出資で太陽光や風力発電所を建設　82
――エコシュトローム

市民共同発電所の設立を支援する民間企業／市民参加で運営し利益を出す／6基の風車を建てるために市民出資を募る／サッカーファンが出資してスタジアムの屋根にソーラーを設置／プロジェクトの進め方／市民との信頼関係が事業成立のカギ

7・2　生徒主体で太陽光発電事業会社を運営　88
――独仏ギムナジウム

バイリンガル教育に力を注ぐ中高一貫校／ソーラー会社「スコレア」の設立／楽しく刺激的な「会社」／下級生を巻き込む「スコリニ」／エネルギーコンサルタントの支援

第8章　働きがいも経済成長も ―― 93

8・1　企業との連携で行う職業教育　94
――リヒャルト・フェーレンバッハ職業学校

開校約100年の工業学校／学校はまさに「エコパーク」／装置の制作や実験を行う生徒たち／学校とクリーンなエネルギー産業との連携

8・2　クリーンエネルギーを販売し地域経済・雇用を下支え　98
――バーデノーヴァ

環境保護がミッション／供給電力の8割近くが再生可能エネルギー／グリーン電力と市民共同発電所／イノベーションファンド／コジェネレーションによる地域熱供給／雇用・労働面でも貢献

第9章　産業と技術革新の基盤をつくろう ―― 103

9・1　最先端の太陽エネルギーシステムを開発　104
――フラウンホーファー研究機構・ISE

ドイツ全土で約2万5000人が働く応用研究機関／技術の幅広い応用に取り組む／コンサルティング会社が派生

第10章　人や国の不平等をなくそう ―― 108

10・1　グローバルな貿易による不平等の解消を目指す　109
――ヴェルトラーデン・ゲルバーアウ

「貧しい国」の製品をフェアな価格で販売／なぜフェアトレード商品が重要か／ドイツで成長するフェアトレード市場／お店はしだいに拡大／平等な世界のために働く

第11章　住み続けられるまちづくりを ──────116

11・1　車の少ないまちづくりの中核を担う　117
　　　　──フライブルク市交通公社（VAG）

交通公社はフライブルク市の第3セクター／車なしで中心部へ行けるまちづくり／乗り放題チケットの導入で利用者が拡大／乗り換え利便性の向上／パークアンドライドやカーシェアリングの導入／自転車専用道路や専用レーンの整備／交通計画とリンクした都市計画

11・2　住みやすさ抜群、車に依存しない街　127
　　　　──ヴォーバン地区

若年層の多い街／市民主導で進んだヴォーバン地区の開発／「カーポートフリー区画」と「カーリデュース区画」／LRTや自転車の利用を便利に／交通量の少ない道路は子どもの創造的遊び空間／自家用車保有台数は少なく住環境満足度はトップクラス／市民が案を作る拡大市民参加

11・3　協働作業で作った環境配慮型住宅とコミュニティ　135
　　　　──ヴォーバン地区の建築グループ

都市再生の先駆けとなったヴォーバン地区の建築グループ／市は地区の4分の1の土地を建築グループに譲渡／環境に配慮したコーポラティブ住宅「クレーハウス」／電気・熱の自給が可能なクレーハウス／クレーハウスの経済性／低炭素まちづくりに貢献／人間関係も持続可能なコーポラティブ住宅／住民ニーズに応える野心的な建築家

第12章　つくる責任つかう責任 ──────143

12・1　リサイクル率60%超えを実現　144
　　　　──フライブルク市廃棄物管理・清掃公社（ASF）

市が53%出資する第3セクター／リサイクルできないごみは有料で年間契約／ごみは4分別／資源循環の拠点、リサイクリングセンター／生ごみや草花はバイオガス化／普及啓発活動も行う／「フライブルクカップ」導入で飲料容器をリユース／ごみ排出量は20年間で約半分に減少

第13章　気候変動に具体的な対策を ──────152

13・1　歴史的建造物を保存しながら省エネに挑戦　153
　　　　──ヴィーレ地区

歴史的町並みのあるヴィーレ地区／困難な歴史的価値の保存と省エネの両立／コジェネレーションによるエネルギー高効率化の挑戦／光熱費を3割削減／エネルギーの消費者から生産者へ／建築物保存と省エネの同時解決でSDGsの考え方を体現

第14章　海の豊かさを守ろう ── 159

14・1　魚類保全のため、菜食の寿司を提供する　160
──魚のない寿司

魚の消費はなぜ減らすべきか／高まるベジタリアン、ヴィーガン向けの寿司需要／植物性原料だけで十分おいしく、エシカルに／河川から海へのごみ流出を止める／陸地でも十分にできる海洋保全

第15章　陸の豊かさも守ろう ── 166

15・1　森の大切さや経済的価値を学ぶ拠点施設　167
──ヴァルトハウス

森や林業に関する公設民営の学習拠点施設／カフェを備えたメイン建物と作業のためのログハウス／「本物」に触れて実用的なものを作る学習プログラム／1週間プログラムで子どもたちは劇的に変わる／ボートを製作して池に浮かべて乗る／経済価値を生みだすことも学ぶ

第16章　平和と公正をすべての人に ── 173

16・1　ローカルな戦略でグローバルな武器貿易に反対　174
──兵器情報センター・リプ

市民の手による軍事産業資料室／ドイツ企業の武器輸出を告発／ドイツ縦断アクション／株主として企業の責任を追及する／精力的なネットワークづくり／生徒が自主的に平和デモを実施／日本への警鐘

第17章　パートナーシップで目標を達成しよう ── 181

17・1　エコステーションと連携し生徒主体の環境活動を実践　182
──ヴェンツィンガー実科学校

エコステーションに隣接する実科学校／ソーラークラブ「ヴェンツゾーラー」とのパートナーシップ／エネルギー委員会／自由な教育スタイルが多様なパートナーシップを成立させる

17・2　多様な市民団体の連携でSDGs達成を目指す　187
──アイネ・ヴェルト・フォーラム

ローカルアジェンダ21の流れを受けたネットワーク型組織／人権・平等から食・農まで／州のSDGsキャンペーンで「飢餓と食糧」を担当／多様な協働、SDGs推進のハブとして

終章 「SDGs 先進都市」を目指して ─────── 193

1 「SDGs 先進都市」の成立要因　194

　　高い市民の環境意識と活動への参加意欲／エネルギー関連産業の集積／コンサルタントや非営利団体の活動の活発化／市民活動を支える学習拠点の充実／学校や教員の自由裁量の大きさ／公益性の高い活動を行って当然という市民風土／大学入学前の若者がボランティア活動を実施／計画段階からの市民参加と時宜にあった市民の取り組み／議会と市民参画で成り立っている持続可能性管理システム

2 日本における持続可能な地域づくりの課題　200

　　「実質的な市民参加」は、ほとんど実現していない／真の地方自治も、まだ実現していない

3 「SDGs 先進都市」に向けての日本流の取り組みのアイデア　202

　　S：市民主体の取り組み／D：同時解決の取り組み／G：世代を超えた目標（ゴール）に基づく取り組み／s：世界と繋がった取り組み

フライブルクの SDGs 関連年表　210
注記一覧　211
おわりに　218

序章
フライブルク市はなぜ「SDGs先進都市」と言えるのか

　なぜフライブルク市を本書で取り上げることが「SDGs先進都市」を作るヒントになるのか？　本章では筆者の考える「SDGs先進都市」像を提示したうえで、フライブルク市の持続可能な地域づくりの経緯を概観し、その理由を明らかにする。また、「持続可能なフライブルク」推進のための行政システムについても紹介する。

1 ドイツでもっとも「SDGs先進都市」に近いまち
——フライブルク市

● 「SDGs先進都市」像は「SDGs」の語呂で表現できる

まず、筆者の考える「SDGs先進都市」像を以下に書いてみよう。

S：Shimin →市民主体の取り組み
D：Douji →同時解決の取り組み
G：Goal over Generation →世代を超えた明確な目標に基づく取り組み
s：Sekai →世界と繋がった取り組み

これはもちろん日本語の語呂合わせであるが、「SDGs先進都市」像を端的に示している。

最初のSはShimin、すなわち市民主体の取り組みである。SDGsは国連が定めたアジェンダ2030[注1]において提唱されたものであるが、目標の達成のために一部の関係者だけではなく、すべての国とすべての関係者が協調的なパートナーシップで取り組むことが明示されている。日本の都市におけるSDGsの取り組みは、ほとんどが行政主体であり、せいぜい「市民参加」にとどまっている。秀逸な市民主体の取り組みがないわけではないが、地域全体で見ると、17分野のうち数分野に見られる程度であろう。本書で取り上げるフライブルク市では、17分野22の取り組みのうち行政の取り組みは三つだけである。しかもその三つは第3セクターである。

次のDはDouji、すなわち同時解決の取り組みである。SDGsの17の分野における課題や対策は相互に関連しており、統合された解決が必要でありこれらに効果的に対処するために、新基軸のアプローチが必要であるとされる。たとえば環境、福祉、経済、教育など、個別ばらばらに取り組むのではなく、一つの取り組みが複数の分野の解決に繋がるような新たな取り組みが求められているのである。本書で取り上げるフライブルク市の

22の取り組みは、いちおう17の目標別に整理はしてあるが、ほとんどが他分野の課題も同時に解決しようとする取り組みである。

　三つめは、G：Goal over Generation、すなわち世代を超えた明確な目標に基づく取り組みがされていることである。2030年の社会の主役は現在の10代〜30代である。そこでこれらの世代を含む多世代で、将来目標がバックキャスティングアプローチ（未来を起点に、今取り組むべきことを考える方法）で考えられていることが必要である。

　またアジェンダ2030では、目標の達成状況を測る指標を設定し、高品質・アクセス可能で時宜を得たデータによりフォローアップとレビューを行うことが求められている。本書で取り上げるフライブルク市では、若い世代の参画や主体的な取り組みが活発であるとともに、持続可能性目標と指標による計画の進捗管理が行われているのである。

　最後はs：Sekai、すなわち世界と繋がった取り組みである。アジェンダ2030では、世界的連帯、とくに、貧しい人々や脆弱な状況下にある人々に対する連帯の精神のもとでの「グローバル・パートナーシップ」の必要性が謳われている。しかし日本では国際紛争や途上国の人権問題について支援したり、国際理解のため地域で普及啓発活動をしている団体はまだまだ少ない。対して本書で取り上げるフライブルク市では、「グローバル・パートナーシップ」で貧困や平和の問題について活動する団体がたくさん存在する。

　以上のようにフライブルク市は"4拍子そろっている"ことから、筆者はドイツでもっとも「SDGs先進都市」に近いまちと考えているのである。

● **SDGsにいち早く対応**

　ドイツには環境先進都市と言われる都市が多いが、フライブルク市はその中でももっともハイレベルな環境先進都市の一つと言われている。それだけでなく、従来から人権や平和問題といった社会問題に関しても市民団体が活発に活動しており、行政も「グリーンシティコンセプト」「持続可能

性目標」を制定して施策を展開していた。2012年、それまで企業を対象に与えられていた「ドイツ持続可能賞」が初めて自治体に分野を広げて選考が行われ、フライブルク市は大都市部門で1位となり、「ドイツでもっとも持続可能なまち」と認められた。

また2015年9月に国連が「アジェンダ2030」を採択しSDGs（持続可能な発展目標）を制定したが、フライブルク市議会はそれから1年にも満たない2016年5月にはそれに対応した「持続可能性目標」の修正案を決議している。

つまり、本書でフライブルク市を取り上げるのは、単に「SDGs先進都市」にもっとも近い都市だからでなく、議会も含めていち早く対応した都市だからである。

●ドイツ南西部に位置するフライブルク市

フライブルク市は、ドイツの南西部、バーデン＝ヴュルテンベルク州に位置する、人口23万人、面積153km²の都市である。ライン川の上流に位

図1　フライブルク市の位置

置し、スイスとフランス国境に近く、シュヴァルツヴァルト（黒い森）というドイツ有数の森林地帯の玄関口にある。中心部は平坦であり、ライン川の支流であるドライザム川という小河川が東から西に貫流している。しかしスイスに続く南部、シュヴァルツヴァルトに続く東部は山岳地帯であり、1000m級の山もフライブルク市に属している。年間平均気温は11.8℃と寒いドイツの中では温暖で夏の最高気温は35℃に達することもあるが、内陸であるゆえ冬は寒く、氷点下になることもある。

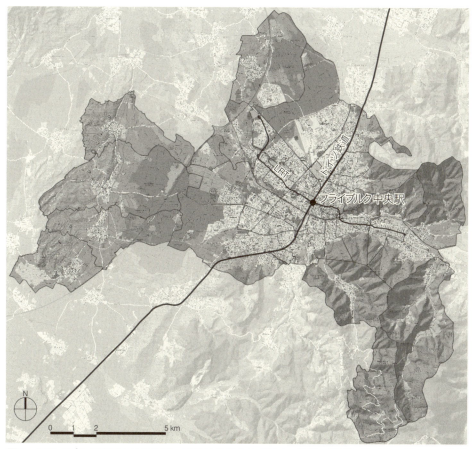

図2　フライブルク市域とその地形　南北に伸びるのがドイツ鉄道、東西に伸びるのがLRT（路面電車）ルート1番 (出典：フライブルク市注2)

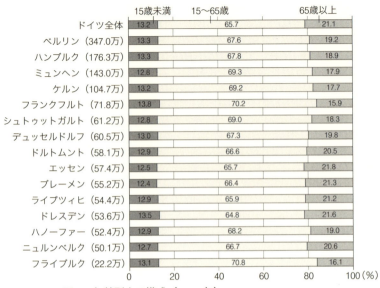

図3　年齢別人口構成（2014年）（出典：ドイツ都市監査[注3]）

●ドイツ有数の活力のある学園都市

　フライブルク市は、活力のある都市である。ドイツの中には日本同様、少子高齢化や産業の空洞化で衰退傾向にある都市も多い。しかし南ドイツは開発圧力が大きく、とりわけフライブルク市は人気の町であり、住宅が不足気味で家賃が高いことで知られている。

　フライブルク市の年齢別人口割合をドイツの人口50万人以上の都市と比較してみよう（図3）。フライブルク市はこれらの都市と比較して、15〜65歳の生産年齢人口がもっとも高くなっている。その理由の一つは、フライブルク大学やフライブルク音楽大学など学校が多く、学生が2〜3万人いるからである。フライブルク大学が中心部をはじめ、市内各地に点在しているため、実際に街を歩いていると留学生を含む多くの学生を見かける。これが"学園都市"と言われるゆえんである。

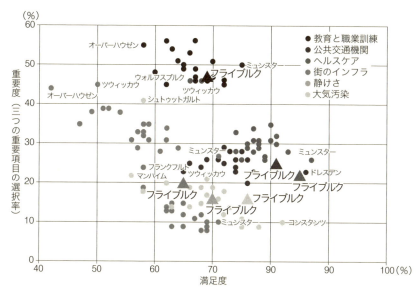

図4　主要課題の満足度と重要度の都市間比較 (出典：図3と同じ)

●生活環境の質も高い

　図4はドイツの主要都市について、「教育と職業訓練」「公共交通機関」「ヘルスケア」「町のインフラ」「静けさ」「大気汚染」に関する市民満足度と重要度 (三つの重要項目の選択率) を示したものである。重要度は問題の深刻さを表していると見れば、グラフ上で右にいくほど満足度が高く、下にいくほど重要度が低いことを表していることから、右下に位置する都市ほど、生活環境の質が高いと言えるだろう。さて、▲の記号で表されているフライブルク市は、各項目とも、都市群の中でほとんど右下に位置している。つまりドイツの中でも、生活環境の質が高いと市民から評価されていて、これらの項目はさほど深刻な問題でないと認識されているのである。

●フライブルク市はなぜ人気の町なのか？

　以上述べてきたように、フライブルク市は都市の活力があり、生活環境も良く、環境保全の取り組みもトップクラスの都市である。しかし非の打

ち所のない都市の紹介をしたところで、少子高齢化や過疎、地域経済の衰退に苦しむ日本の地方都市の参考にならないのでは、との疑問が沸くかもしれない。いや、フライブルク市は最初からこのような都市だったわけではないし、現在もいくつもの課題を抱えている。フライブルク市の市民、NPO、事業者、行政が、課題に正面から向き合い、課題克服のためにたゆまぬ努力を続けてきたからこそ、人気の高いまち、持続可能な都市にもっとも近い自治体の一つであり続けているのである。

つまり、フライブルク市がこれらの課題にどのように向き合ってきたかを読み解くことが、日本の地方自治体が持続可能な都市になるためのヒントになる。そこで1970年代から90年代にかけての活動について見てみよう。

●原発反対運動をきっかけにソーラーシティへ

フライブルク市の環境政策の起点となったのは、1970年代に近郊のヴィール村に原発を建設する計画が持ち上がり、反対運動が起きたことだ。まずワイン農家が立ち上がり、多くの市民がデモや工事現場での阻止行動などを行い、建設計画を撤回させた。フライブルク市や近郊の市民がすごいのは、むしろその後である。単に反対運動に終わるのではなく、これをきっかけに市民がエネルギーの代替案を考え始め、自然エネルギーに関する勉強会や集会を積み重ねたのである。

こうしたことを背景に1980年代からソーラーシステムを設計・開発する研究所や企業が集積し始めた（たとえばエコ研究所（エコ・インスティテュート）、フラウンホーファー研究機構太陽エネルギーシステム研究所、ソーラーファブリック社など）。また再生可能エネルギーや省エネルギーを推進する市民団体がいくつも設立された。一方行政は、エコ研究所などのシンクタンクの助けを借りながら、1986年には「地域エネルギー供給コンセプト」、1992年に「低エネルギー建築仕様条例」、1996年には「気候保護コンセプト」、2000年のハノーファー万博の際には「ソーラーシティコンセプト」を世界に向けて発信した。さらに、2007年には「フライブルク市の気候保護戦略」、

2008年に「交通開発計画2020」を順次策定していく[注4]。

こうした実績が認められ、1992年はドイツの環境首都に選定され、2010年にはドイツ連邦の気候保護首都に命名されたのである。

さらに2014年には市議会が、2030年までにCO_2の排出量を1992年に比較して少なくとも半減させ、2050年までに「気候ニュートラル（＝カーボンニュートラル）」となることを議決している。

● **市民主導のローカルアジェンダ21の推進**

一方、市民セクター主導の取り組みとして、1992年の地球サミットで採択されたアジェンダ21のローカル版である「ローカルアジェンダ21」の推進が挙げられよう。

1996年には「オールボー憲章」[注5]に署名し、市民、市民団体、行政が一体となって「持続可能なフライブルク」実現に向けての行動プログラムを策定した。このプロセスにおいて、持続可能な地域づくりの理論の構築と実践が繰り返された[注6]。とくにフェアトレードの分野でさまざまなプロジェクトを展開した。

具体的な取り組みとしては、他団体との協働のもと、「フェアフライブルク」というフェアトレードメッセの実施、ドライザム川で鮭の稚魚の放流（6章参照）、「世界は一つの日」や「インターナショナル・ヴェルトラーデン・デー（10章参照）」などにおける多数の団体による講演、映画上映、ディスカッションなどの幅広いプログラムの提供、古い携帯電話を集めてコンゴの子ども・青少年支援プロジェクトに寄付するなどがある。また「フライブルク・チョコレート」というフェアトレード・チョコの販売なども行った。

これらの実践のためにアジェンダ21事務所[注7]が置かれ、持続可能性をテーマにした市民のプロジェクトやイベントを支援した。この事務所は「持続可能なフライブルク」を実現する拠点として機能したが、2018年4月には持続可能性評議会などにその役割を譲り、閉鎖された。

●環境政策から持続可能な発展政策へ—目標の設定と進捗管理

　市や市民はその後も手を緩めることがない。環境政策から持続可能な発展政策に拡大していった。フライブルク市議会は2009年、12の行動分野からなる持続可能な発展政策を可決する（表1）。これに基づき、2012年には60の持続可能性目標が設定された。さらに、持続可能性目標の効果的かつ市民参加型の実施のための「行動計画」が議会によって採択された。これらの進捗管理のために、市役所の中に「サステナビリティ管理部門」が置かれ、統合されたマネジメントシステムを運用している。またこれらを整理して、2010年の上海万博の際には「グリーンシティコンセプト」として、世界に向けて発信している。

　このような経過で、フライブルク市は「SDGs先進都市」にもっとも近い自治体の一つになってきたが、次項ではSDGsと繋がった取り組みに発展していった経緯を詳しく紹介する。

表1　持続可能性目標の12分野

No	行動分野	コミットメント
1	参加	政治・経済・社会・文化的な生活において、すべての人が完全・効果的・平等な参加を確保する
2	ローカル・マネージメント	ローカル・マネージメントにおいて、効果的な管理プロセスに取り組む
3	自然環境	自然生態系の保全、保護、回復、そして持続可能な利用を確保する
4	消費とライフスタイル	意識を高め、気候に優しく資源を節約する消費パターンと持続可能なライフスタイルを促進する
5	都市開発	持続可能でレジリエントな（回復力のある）統合された戦略を都市計画に提供し、課題に適切に対応する
6	交通	モビリティと健康、環境の相互関係を改善する
7	レジリエンス	市民の幸福と福祉を保障するレジリエントな（回復力のある）社会を推進する
8	経済と学問	活気あるビジネスと学際的な町へとさらに発展させる
9	社会的公正	包括的かつ協力的なコミュニティを実現し社会的公正を確保する
10	生涯学習	持続可能な開発のための教育および学習と教育の推進に取り組む
11	気候とエネルギー	気候保護、省エネルギー、持続可能性のための責任を全うし、エネルギー生産を行う
12	文化とスポーツ	多様性に配慮した文化活動を強化する

（出典：フライブルク市[注8]）

●ローカルコンセプトからグローバルなコンセプトへ

　2015年9月に国連がアジェンダ2030を採択しSDGs(持続可能な開発目標)を定めると、フライブルク市では、市民、科学者、政治家、事業者と行政が協力しながら、SDGsを達成するためにどのような貢献ができるかを「グローバルに考え、ローカルに行動する」という原則に沿って検討した。そして2017年11月、議会において、アジェンダ2030＝SDGsと結びついた新たな「持続可能性目標」が採択されたのである[注9]。

　新たな目標はSMART基準[注10]に沿って、国際および国内の地方自治体の目標と比較可能な基準になるよう修正されている。その結果、SMART基準に準じた測定可能な指標によって目標の達成状況を測ることができるようになった。これは、国際的に認められたグローバル・レポーティング・イニシアチブのガイドラインと、国連の持続可能な開発目標を地域レベルで展開するための「地域のSDG指標プロジェクト」に基づいた取り組みでもある。

　市のホームページでは、「フライブルク市は、国連の持続可能な開発という世界的に有効な目標の実行に地域レベルで貢献をしています。目標は、非常に野心的で変革的なビジョンの実現です」と述べている。「グリーンシティ」というローカルなコンセプトから、SDGsという世界共通の目標と結びついたグローバルなコンセプトへと発展していったのである。

　これでお分かりになっていただけたであろうか。フライブルク市が「SDGs先進都市」のモデルと言える理由は、地域の課題解決の取り組みがSDGsを介してグローバルな課題解決と繋がっており、未来に向けての明確な目標・指標とその進捗管理、すなわちPDCAサイクルが実施されているからである。

　具体的内容については次章以降で詳しく述べるとして、本章の後半では基礎情報として、さまざまな取り組みを下支えしているフライブルク市の行政の仕組みについて触れておこう。

2 推進のための行政システム

　ここでは「持続可能なフライブルク」推進を担う行政システムの中でもっとも重要な、三つの組織について紹介したい。

●フライブルク市議会

　市議会はフライブルク市の自治の最高機関として、自治体の政策の目的と枠組みを決定する役割を担っている。議会のメンバーではない多くの知識豊富な市民と専門家を含む 14 の専門委員会がある。行政と一体となり、持続可能性に関する政策が市民に理解されるように活動している。また、議会自身が多数の具体的な個別の取り組みを実施している。さらに、次に述べるサステナビリティ評議会の委員を任命している。

●サステナビリティ評議会

　サステナビリティ評議会は 2006 年に設立され、市の持続可能性目標の実施について議会と市政に助言する役割を担っている。40 人のメンバーからなる専門家組織で、政治、科学、産業、社会（市民団体など）の各機関の代表者で構成されている。市長がサステナビリティ評議会の議長を務めている。

　評議会の任務は、持続可能な都市開発に関する諮問機関として地方評議会を支援し、フライブルク市の持続可能性目標を実行するための提言にその専門知識を活用することである。たとえば、12 の包括的な政策分野と 60 の持続可能性目標を作成し、2009 年に市議会によって承認された。さらに行政内部に体系的な持続可能性管理システムを確立することを提唱した。

　評議会のメンバーを出している組織は、持続可能性目標の達成のために独自の活動もしているので、相乗効果が得られているという。

評議会は2014年11月に内容を変更し、新たな委員を任命し2期目を迎えた。大学や研究機関から5人、市民団体の代表が15人、経済団体や企業の代表10人、市議会や政治団体の代表が10人の計40人が参加しているが、市民団体の影響力が大きいという。

●市役所のサステナビリティ管理部門

　市役所の各部門は、数多くのプロジェクトや技術的な取り組みを実施している。持続可能性の目標を達成するためには、垂直的および水平的なコミュニケーションと、関係するすべての関係者との交流が不可欠である。

　そこで2011年、評議会の提案によってフライブルク市役所内に「サステナビリティ管理部門」が設置された。この部門の仕事は、持続可能な社会づくりの進捗状況を測定するために統合されたマネジメントシステムを運用することである。また、持続可能性に関する課題は分野横断的であり部門間の調整が重要なので、部門間の情報伝達と政策プロセスを調整する

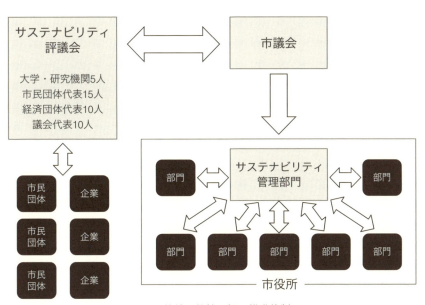

図5　持続可能性目標の推進体制

という任務もある。

　以上の組織による持続可能性目標の推進体制を図5に示した。持続可能性目標はすべての組織の取り組みの基礎であり、議会、行政、市民団体、企業が協力して「持続可能なフライブルク」を実現するための共通のガイドラインになっているのである。

　このような市の行政システムが下支えとなり、市民や企業、学校などがSDGsの目標達成に貢献する多様な活動を市内各地で展開している（図6）。

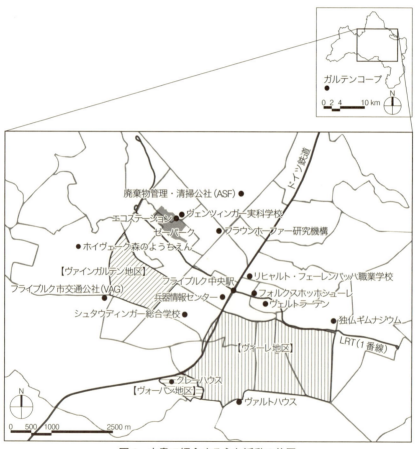

図6　本書で紹介する主な活動の位置

第1章 貧困をなくそう

あらゆる場所のあらゆる形態の貧困を終わらせる

　フライブルク市は、とくに貧困層の支援や背景の異なる市民の共生や交流のため、特色のある取り組みを行っている。ここでは多民族が暮らすヴァインガルテン地区で貧困層のケアと省エネ改修を同時に実現した事例について紹介する。

1.1 貧困層へのケアと省エネ改修を同時に実現
―ヴァインガルテン地区

　ヴァインガルテン地区はフライブルク市中心部からLRT（路面電車）で10分ほど西に行ったところにある。地区面積は1.63km^2、人口は1万1150人ほど（2018年末）、人口密度は6000人/km^{2}程度である。高層の市営住宅が建ち並び、多くの移民がここに暮らしている。貧困層の割合は2016年の市民意識調査によると38％と、39地区中2番目に多くなっている[注1]。

● **住むのが好きな人が少ない地区**

　ヴァインガルテン地区は多くの外国人・貧困層が住み、図1・2に示すように住環境に対する選好度（「現在の住宅地に住むのが好きですか」という質問に対する回答率）がもっとも低い地区である。実際にヴァインガルテン地区の住宅は改修が行われる以前、窓が壊れており、暖房も効かず、電線も切

図1・1　ヴァインガルテン地区の位置

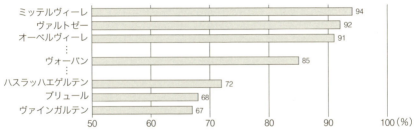

図1・2　住んでいる地区に住むのが好きな人の割合 (出典：フライブルク市注2)

れていたという。それだけでなく、多民族が暮らしていることでコミュニケーションが取りにくく、隣人や家主と会わない、会っても挨拶しないといった問題があった。さらに知らない人が屋上でピザを食べていたり、不審者が出入りして器物を損壊したりすることもしばしばあった。

また、低所得者が多いので、お金のかかるイベントが実施できない・参加できないことで、地域としてのまとまりを欠いていた。

●住民参加による市営住宅の改修

そんな中、フライブルク市は市の建築公社が運営する老朽化した住宅の改修をすることにした。このうち、16階建ての高層マンションのうち、モデルプロジェクトとしていち早く改修が行われたブギ50（Bugginger通り50番の家）の例を取り上げてみよう。

従来の方法では建築家や都市計画プランナー主導で住宅の設計が進むが、専門家は住民たちの生活状況について知らなかった。また住民は、専門家の言っていることが専門的すぎて理解できなかった。

そこでソーシャルワーカーであるクリステル・ヴェルプさんが専門家と住民を繋ぐコンサルタントとしての役割を担うことになった。ヴェルプさんは住民から意見を聴くための説明会を開催したが、参加率はあまり良くなかった。説明を受けてもすぐには意見を言えず、苦情ばかり出た。

ヴェルプさんは、設計図に色を塗ったが、それでも分かりづらいので改修後の間取りの模型を作ってもらい、これをもって住民の家を回った。改

修のために一度住居を出て、再入居を希望する人には、これを見て家具やベッドの設置の可否や配置などを判断してもらった。

また多くの住民が、改修後家賃が上がって住めなくなるのではと心配していた。これらの住民の意見を聞き、住宅を設計しなおし、低所得者への配慮も盛り込んだ。また一人暮らしのお年寄りには大きな家は必要ないことから、六つの住居を九つの住居に分割するダウンサイジングを行うことにした。建物の色も当初案は青であったが、五つの色を提示したところ、住民は緑を選んだ。

● 徹底した省エネ改修

フライブルク市の真冬の気温は−1〜4℃である。建て替えでなく、16階

改修中

改修後

写真1・1　市営住宅の省エネ改修

建ての住宅をリフォームするというのはそれだけで画期的なことであるが、フライブルク市はほとんど暖房を使わなくても良いぐらい徹底した断熱改修を行った。改修前後で暖房に必要とするエネルギーは78%削減された。

まず窓を3重窓にし、外断熱を実施した。従来のベランダは狭くて使い勝手が悪く、断熱効果も低かったが、これを家の中に取り込んで、外に新しいベランダをつけた。電線、暖房、換気装置はすべて新しくした。屋上に1階建て増しし、自動換気装置のためのダクトを置き、熱交換器を利用して換気の際に排出する空気で外から取り入れる空気を暖めることによって熱ロスを削減した。また屋上に太陽光パネルを置いた。

その結果、外気温が5〜6℃であっても室内は24℃ぐらいに保たれ、小さいパネルヒーター（ラジエーター）を少し付ければ十分になった。

● **生活支援や安全性・利便性向上の工夫**

改修された建物は、同じ棟に入居している住民どうしが良好な関係を保つことができるようにさまざまな工夫を施した。

建物の入り口に管理人を置き、掲示板の管理や、地下室、ごみ置き場、階段の見回りをする。また、監視カメラを設置し、たむろしている人、知らない人への注意もする。朝と夜それぞれ4時間、宅配便を受け取る業務も行っている。低所得者への配慮として、ダウンサイジングして家賃を抑えた。水道、ガス等の不具合があると、ヴェルプさんに伝達する仕組みとした。

さらに1階にパーティができる集会室を設置し、外来者が宿泊できる部屋を作った。ドイツでは各家庭で来客用

写真1・2　多言語で書かれた歓迎メッセージ

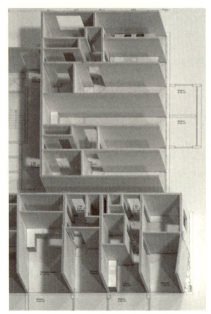

写真1・3　改修後の住居の模型

の部屋を持っていることが多いが、ダウンサイジングされた住居ではそれが難しいためだ。周囲の公園には住民の要望により（高齢者向けの）健康促進器具を置いた。

●隣人関係・住民の繋がりの確立

「フォーラム・ヴァインガルテン (Forum Weingarten e.V.)」は住民の関係を作るために1989年に設立されたネットワーク組織である。この組織をはじめとする住民どうしの繋がりが、建物の改修によって威力を発揮するようになった。ブギ50で74歳のおばあさんの誕生パーティを集会室で開いた際、多くの隣人が集まり、ベルリンから息子さんも来た。「人生最高の誕生日だった」とおばあさんは言ったそうだ。貧しいためにレストランを借りられなかった、客人を泊めるお金もなかった人が、幸せを感じているのである。パーティも、1階の集会室でやれば騒音も気にならないのである。

●省エネとコミュニティ再生を同時に実現

ヴェルプさんの仕事を改めてみると、社会福祉面（ソフト）と技術面（ハード）のバランスが大事であることが分かる。建築物の省エネと多民族の低所得層が混在するコミュニティの再生を見事に同時解決している。複数課題の同時解決、これこそがSDGsに地域で取り組む際に求められることではないだろうか。

ヴェルプさんは次のように言う。

「低所得者であっても、隣人と良好な関係を作るために支援するのが私の仕事です」「アイデアは住民が出す。住民の希望を実現するのが私の仕事です。たとえば、一緒に歌を歌ってくれる人が欲しいと言ったら、それを見つけるのが私です」。
　役割や分野を問わず、住民の望むことはなんでもやる。この「誰一人取り残さない」姿勢がSDGsによる持続可能な地域づくりの秘訣であろう。

写真1・4　改修後に増築されたベランダ　改修前のベランダは住居の中に取り込まれた

写真1・5　ブギ50のエントランス　左の扉の奥が集会室

写真1・6　住居内の様子

第2章
飢餓をゼロに

飢餓を終わらせ、食料安全保障および栄養改善を実現し、持続可能な農業を推進する

　ドイツでは食品の寄付を集め、低所得者層に安く販売する店がある。フライブルク市に限らずの町なかを歩いていると、余った食料を無料で配布するスポットを見かける。また、オーガニックの食品を販売する店も多く、周辺地域では有機農業が盛んに行われている。その中の取り組みの一つとして、ここでは「ガルテンコープ・フライブルク」を取り上げる。

2.1 市民の共同出資による有機農業
―ガルテンコープ・フライブルク

　ガルテンコープ・フライブルク（Gartencoop Freiburg e.V.）は、フライブルク市の南に位置するバート・クロツィンゲン市トゥンゼル地区において共同で農業を営んでいる市民団体である注1。2016年現在290人の会員が共同出資し、協力して野菜を栽培し、収穫を分けあっている。化学肥料は使わない、種を自家採取できる固定種のみを扱う、貯蔵のために地下室を利用する（冷蔵設備を使わない）、加熱式のビニールハウス栽培を行わない（旬のものしか栽培しない）、包装容器ゼロ、輸送に主に自転車を使う、地産地消など環境に配慮した運営方法を実行している。

●新しい地産地消有機農業の始まり

　ガルテンコープは、2009年に創立され、2年の準備・構想期間をへて、2011年に実践活動が開始された。設立の背景には、ドイツの小規模有機農業農家の経営の不安定な状況があった。工業的大規模農業の問題を解決するために、有機農法の農家が増えていったが、有機農法そのものも大型化していったため、ドイツ国内の小規模零細有機農業農家は海外の大型有機農業農家との価格競争に敗れ、一時期1年に600ものドイツの有機農業農家が経営できなくなる事態に陥ったことがある。この状況の打破を目指し、市民の共同出資による新しい地産地消型の有機農業の取り組みが始まった。ガルテンコープはその取り組みの一つである。

　2016年現在の農業従事者は7人、会員は約300人である。老若男女、さまざまな立場の市民が協力して活動しており、彼らは毎週ガルテンコープの収穫物の分配を受ける。会員は入会費として、400ユーロ（約5万円）をガルテンコープに預けるが、それは退会時に返済される注2。

　また農業活動や、収穫祭等の催しの手伝いなどで目安として年5回の奉

写真2・1　ガルテンコープの農場

写真2・2　ガルテンコープの農作業小屋

仕活動が推奨されている[注3]。このように、会員それぞれの都合に合わせて柔軟に参加することができる。さらに、年に1〜2回会員総会が開かれ、会員は運営に関して意見することやガルテンコープ運営のための負担金額を自ら決めて申請することができる。

●野菜の配布方法も環境に配慮

　作物の栽培については、会員が共同で出資して雇う農業の専門家が、環境に配慮した方法で行うが、収穫した野菜を分配する作業は基本的に会員

写真 2・3　荷物運搬のために開発された電動アシスト付き自転車トレーラー
(提供：ガルテンコープ)

の仕事だ。収穫した野菜はまずカーシェアリングの車でフライブルク市まで運ばれ、そこから自転車等でそれぞれのシェアポイント(配布場所)に運ばれていく。シェアポイントはフライブルク市に全17ヶ所あり、前庭やカフェ、共有スペース、地下室などさまざまである。会員は家の近くのシェアポイントで他の会員と分け合いながら、自分の野菜をもらっていく。

　配布用の自転車には専用の「トレーラー」がつけられ、100kgを超す野菜でも積み込めるようになっている。また、この過程で、電動アシスト付きの自転車トレーラーが開発されるなど、新しいプロジェクトが展開された。野菜の輸送には頑丈なプラスチックの箱が使われ、使い捨ての包装容器は使用されない。

● 持続可能な農業、食の安全、市民の交流と学び

　組織の目的として、①持続可能な農業の実践、②食の安全への配慮、③市民の交流と学びの場の確保の三つが挙げられている。

① 持続可能な農業の実践

　化学肥料を使わない(環境を汚染しない)、石油や電気を動力とする昔ながらの農業機械を極力使わない、季節に合う作物を栽培する、種も伝統的な固定種を使うなどの環境配慮を徹底した農業を営む。また収穫物を販売するのではなく、会員全員で連帯してシェアすることにより、市場価格や天

候、収穫量に左右されることなく農業を実践できる。さらに見た目が悪かったり、大きさが「規格外」の収穫物が、廃棄されることも避けられる。

②食の安全への配慮

会員に農作業を手伝う機会を設け、自分の食べる野菜がどのように育てられているか知ることを通じて、食に対する安心感を与える。

③市民の交流と学びの場の確保

みんなで協力して農作業をすることで、市民間の交流が生まれるとともに、農や自然に直接関わることで、人と自然の繋がりを感じる場を提供する。

●イベントの例──ザワークラウト作りと収穫祭

収穫されたキャベツをザワークラウトにして保存するのは、ひと昔であれば各家庭で行われていた。レトルト食品やフリーズドライ、缶詰、冷凍食品などと比べれば、多量のエネルギーや資源を消費することなく食品を保存できる伝統的な知恵である。ガルテンコープでは瓶詰のトマトソースやチリソースを作って会員に配布することもあるが、冬～春先にかけてはどうしても収穫量が落ちるので、自給自足という面から考えると、夏にたくさんとれた野菜を、いかに無駄なエネルギーを使わず保存するかは大きな課題である。

共同取材者の新田純奈さんが訪れたこの日、会員による奉仕活動の一環

写真2・4　ザワークラウト作りの様子　(提供：新田純奈氏)

としてザワークラウト作りが行われ、妊婦さんから、赤ちゃんを連れたお母さん、大学生やお年寄りの方まで幅広い世代の方々が参加していた。キャベツを半分に切り、それをスライサーにかけ、壺に入れ塩と月桂樹の葉を加えて揉む。その壺を1ヶ月以上寝かせて発酵させると、ザワークラウトが完成する。

参加者がそれぞれ自分に無理のない仕事を請け負い、協力して作業を進めていった。このような作業をとおして、さまざまな世代の人と関われるということも、会員による奉仕活動の魅力だ。

毎年秋には収穫祭が行われるが、2015年は、気持ちよい天候ということもあり、多くの人々が訪れていた。午前中からお昼にかけてミニコンサートも開かれており、ガルテンコープのスタッフや会員のほか、フライブルク市や近郊からきたお客さんたちが演奏や合唱を楽しんだ。

同時に希望者を対象に赤ビートの収穫体験が実施された。作業はお昼休憩をはさみ行われ、道具も借りることができ、収穫の方法も教えてもらえた。それぞれのペースで楽しみながら無理なく行うことができたため、小さな子どもを連れたお母さんや、お年寄りまでさまざまな人が参加していた。

昼食はガルテンコープの畑からの収穫物を使った料理がカンパ制でふるまわれた。ドイツでは環境保護という観点からも肉食を避ける人が多いため、ガルテンコープで作られる食事はすべて菜食主義のものである。参加

写真2・5　収穫祭の様子 (提供：写真2・4と同じ)

第2章　飢餓をゼロに ｜ 37

した新田さんは言う。「みんなで作業した後の昼食はより一層おいしく、さらに食事をしながら市民の方々とも交流できました」。

また、畑見学ツアーも収穫祭中随時行われており、畑やビニールハウスを見て回りながら、ガルテンコープでの取り組みに関して話も聞くこともできた。

●持続可能な農業とそれを支える市民の相互作用

ガルテンコープのような取り組みがフライブルク市で成立する背景には、持続可能な農業を支える市民の高い意識があると言って良いであろう。ガルテンコープは農業をとおして、市民に生産活動を体験する機会を提供するとともに、生産者と消費者や市民どうしの交流の機会を提供している。会員はその対価として、ガルテンコープの活動に必要な資金を負担する。

自分が好きなときに好きな野菜が得られるというわけではなく、また、自然農法で育てられているために虫がついている野菜もある。大きさや形も不揃いで、汚れや斑点も目立つ。しかし、野菜そのもののおいしさに魅力を感じ、また本来の野菜のあるべき姿、そして誰がどこでどのようにその野菜を育てているかが分かることに価値をおく理解のある市民が会員となり、ともにガルテンコープを作りあげている。

一方で課題もあるようだ。気候等の影響を受けやすいため、収穫が不安定になることがある。今後は悪天候や気候の変動に柔軟に対応できるよう試行錯誤していきたいとのことである。また組織を運営していく中で、ときに世代間で意見の食い違いが生じることもある。しかし、それらも乗り越え、さらに団結力を高めていきたいとのことだ。また、現在の土地は借地であるので、将来的には土地を購入することを目指している。

以上のような持続可能な農業とそれを支える市民の相互作用は、日本において食の安全と持続可能な農業を普及拡大する手法として参考になる。

第3章
すべての人に健康と福祉を

あらゆる年齢のすべての人々の健康的な生活を確保し、福祉を推進する

　環境教育の先進国であるドイツでは、自然の中で子どもを育てることに関心を持っている親が多い。幼児の保育においては、デンマークを発祥とし北欧やドイツで拡大した「森のようちえん」が普及しており、健康な心と体の発達に好影響を及ぼしていると言われる。

　そこで本章では、フライブルク市のリーゼルフェルトの森で活動しているホイヴェーク森のようちえんについて取り上げる。

3.1 自然保育で身につく主体性
—ホイヴェーク森のようちえん

　本章で取り上げる「森のようちえん」とは、自然体験活動を基軸にした子育て・保育、乳児・幼少期教育の総称である。2017年現在、日本の森のようちえんは203園であるのに対し、ドイツの森のようちえんは737園と多い。園の種類を見ると、ドイツでは、ほとんどが常設型であるのに対し、日本では非常設型が約8割と多い。フライブルク市においても15以上の森のようちえんが存在する。

● NPO法人が経営する森のようちえん

　ホイヴェーク（Heuweg）は、森のようちえん・フライブルク（Waldkindergarten Freiburg e.V.）というNPO法人によって経営されている五つの森のよ

図3・1　森のようちえん・フライブルクが経営する森のようちえんの位置

うちえんのうちの一つである。森林科学を学んだ創始者が、通常の幼稚園の教育では納得できず、ヴィースバーデン市の森のようちえんを参考にして、1996年にフライブルク市のギュンタスタール地区にフライブルク市で初の森のようちえんを設立した。さらに2000年から2002年にかけてリーゼルフェルト地区に二つ、ヴォーバン地区に一つ設立し、2004年にホイヴェーク森のようちえんを設立したのである。

　1グループあたり最大20名、五つ合わせて最大100名の園児がいる。運営はボランティアの理事3名があたり、職員の採用・許認可や人件費補助金の申請に係わる作業、会計などを行っている。入園できる子どもの年齢は、原則2歳6ヶ月から6歳（就学児）であるが、ドイツではまだ学校に入る学力がないと親が判断した場合は就学時期を1年遅らせ幼稚園に残ることもできる。財源の68%を市からの助成、32%を保育料から得ている。保育料は、一人目が120ユーロ（約1万7000円）、二人目以降は80ユーロ（約1万1000円）であるが、家族の収入によって少し変動する。

　ホイヴェーク森のようちえんの園児数も最大20名であり、職員は園長、常勤職員、実習生3名の計5名であり、実習生は0.5人換算で最低でも2.5人体制を取っている。年に2回親との面談があり、保護者に森のようちえんで使う水を持ってきてもらうといったサポートをしてもらうが、日本のような保護者会などは存在しないそうだ。

●園舎はトレーラーハウス、園庭は森

　固定的な園舎はなく、サーカスが使っていたワゴンを改良した子どもたちが全員入れるほどの大きさのトレーラーハウスが1台だけある。その中には保育士の事務的なものや救急キット、いす、机、ガスコンロや荷物置き場などがある。リーゼルフェルトの森そのものが園庭であり、柵などはない。森を切り拓いた約80m四方のスペースの真ん中に、朝の会や終わりの会で使う切り株の机があり、それを囲むように丸太のいすがあったり、ほかには工作用の机や子どもたちが遊んだり登れるように枯れ木で組み立

写真3・1　トレーラーハウス

写真3・2　トレーラーハウスの内部

てられた遊具がある。地面はウッドチップが引いてあるが、園の境界がなく、どこでも遊ぶことができる。

● 1日の保育の様子──森の中で自由に遊ぶ

　ドイツでは一般的だが、保育は年齢別でなく、年齢混合で一つのグループで行われる。毎週金曜日は物作りを行う日としており、その日以外は森の探索を行っている。

　1日の保育の流れを示そう。7時45分以降に親と一緒に登園する。8時30分から丸太に座り輪になって朝の会を行う。子どもたちが自主的に出

写真 3・3　朝の会が行われる切り株と丸太

席確認をし、今日が何曜日かを確認し、動物や季節のお話や静寂の時間が行われる。9時30分から森の中の探索が始まる。園児たち自らが目標地点を決めて向かう。10時、目標地点に着いたら、家から持参したサンドイッチなどの軽食を食べる。11時、自由時間である。森の中にはおもちゃや遊具はない。木登りなど自然の中にあるものを使って子どもたちが自由に遊ぶ。12時45分切り株に戻り、帰りの会を行い、今日1日のできごとや感想をみんなの前で発表する。13時から親が迎えに来て退園する。

　その一方で、週ごとにテーマを設定して遊ぶことにしている。テーマは季節に応じたもので、たとえば、子どもが夏休みに外国に行くので新学期は外国の文化をテーマにしたり、どんぐりの実が落ちる季節はリスをテーマにしたりする。数を教えることで足し算・引き算を覚えるとともに、グループになじめない子もグループの一員であることを自覚できるようにしている。

● **過度に介入せず自分で学ぶことで伸びる能力**

　ホイヴェーク森のようちえんの保育方針は、子どもたちが自分で考え、自由に自然の中で遊ぶことである。ナイフ等を使うときなど、職員がサポートするケースもあるが、危険な場所や危険な遊び方を自分で気づくよう

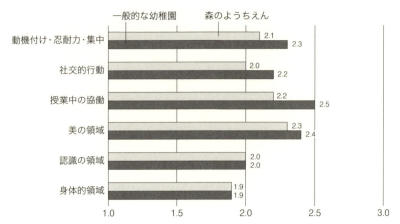

図3・2　森のようちえんと一般的な幼稚園の能力の比較　(出典：ペーター・ヘフナー[注1])

に見守っている。一方で小学校就学前の子どもには、課題を持って活動するように仕向け、小学校になじむように、体験入園させている。さらに子どもごとの成長の様子・特徴はファイリングされ小屋に保管されており、個性に応じた保育を心がけている。

　ハイデルベルク大学のペーター・ヘフナー博士の研究によると、森のようちえん出身者は一般の幼稚園の出身者に比べ、プレゼンテーション能力、コミュニケーション能力、運動能力が高いことが分かっている。とくに運動をあまりしない女子での効果が高いのだそうだ。

　就学前にこのような経験をしていることで、幼児期における健康づくりに役立つとともに、今後日本の教育で重視しようとしている思考力、判断力、表現力が自然と身につくのではないだろうか。

第4章
質の高い教育をみんなに

すべての人に包摂的かつ公正な質の高い教育を確保し、生涯学習の機会を促進する

　ドイツの学校はどこもそうだが、学級担任の自由裁量の幅が大きく、それを活かしたさまざまな環境教育やESD（Education for Sustainable Development：持続可能な発展のための教育）を行っている。フライブルク市は環境学習拠点施設が充実しており、NPOや企業の社会活動も盛んなので、学校が拠点施設を訪れたり、NPOや企業が学校に赴き支援するといった連携が盛んである。

　本章ではその典型例として、シュタウディンガー総合学校とエコステーション、また生涯学習を提供するフォルクスホッホシューレを取り上げる。

4.1 生徒の主体性を高めるエコワットプロジェクト
─シュタウディンガー総合学校

　シュタウディンガー総合学校 (Staudinger Gesamtschule) はフライブルク市の中心部から南西方向にLRT（路面電車）で15分ほど行ったハスラッハ地区の閑静な緑地の中にある。市内で初めて設立された全日制総合学校であり[注1]、創立は1970年、生徒数約2000人、教員数約150人のフライブルク市の中では規模が大きい学校である。10〜18歳程度の子どもが通い、1学年7クラスからなり、学年が上がるにつれ、レベル別の授業、クラスに振り分けられる。生徒の環境への意識は高く、保護者が1970年代の反原発運動に参加したという生徒もいるため、生徒や保護者の社会参加意欲は全体的に高い。

図4・1　シュタウディンガー総合学校の位置

写真4・1　シュタウディンガー総合学校全景 （出典：Badische Zeitung[注1]）

写真4・2　シュタウディンガー総合学校校舎内

第4章　質の高い教育をみんなに　｜　47

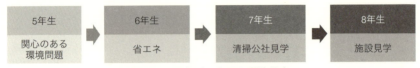

図4・2　学年別の主要な環境教育

●生徒が生徒に教える環境教育カリキュラム

　環境に関する学習を年間とおして行い、遠足等を利用して環境保護グループやその代表の方の指導のもと、水力施設等で課外学習を行っている。具体的には5年生（10歳相当）は、環境問題について関心のあることを自由に調べる。6年生は省エネについて、7年生は清掃公社を見学、ごみに関する学習、8年生は遠足や施設の見学をするといった学習計画になっている。

　日常生活においては、教員が生徒に環境や省エネについて改善するにはどうしたら良いのか、問いかけている。授業では、日常的なものを用いて環境問題による現象をビジュアル化し、生徒に体験させたり、ごみに関する歌を作成し、環境問題に関する演劇も授業の中に取り入れている。環境保護団体などからの外部講師や専門家による授業も、学校の教育課程の中に組み込まれており、半期に1、2回設けているという。

　特徴的なのは、生徒が生徒に教える「ラーニング・ティーチング（Learning & Teaching）」という独自カリキュラムがあることである。上級生（10年生＝16歳相当）が下級生（6年生＝12歳相当）に物理や化学などの教科で環境問題や環境保護について教えていく。これは、"教えが学び"であるという考え方に沿っている。また、環境教育の活動日を設けるとともに、州が行っているプレスリリースやテレビ取材を受けたり、気候保護と省エネ学校というプロジェクトに学校として呼ばれることもある。

●エコワットプロジェクトによる省エネルギー[注2]

　校舎は1970年代に建てられたもので、断熱性能が悪いため、1999年から光熱費、設備費として年間26万ユーロも支払っていた。

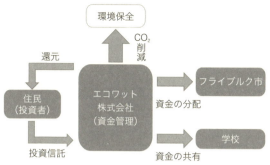

図4・3　エコワットプロジェクトの仕組み (出典：シュタウディンガー総合学校[注3])

　光熱費の3分の1を節約することを目標に設定し、設備の改修をしようと考えたが、市から改修費用の支援は得られなかった。そこで学校設備の改修を行うことを目的に学校が1998年に「エコワット株式会社」を設立し、8年後に出資金の6%の利子をつけて返還するという条件で生徒、教師やその友人から出資を募り、25万ユーロ（約3000万円）集めた。改修を行えば光熱費を節約できるため、市から光熱費として毎年支給される26万ユーロ（約3200万円）のうち節約分が利益になる。この利益を市と学校および出資者に分配する仕組みを確立した（図4・3）。

　一方、外部の研究機関「エコ研究所」の協力で、生徒の活動として学校設備の調査を行い、対策を考える取り組みが実施された。古い設備のため、暖房装置の調節弁が壊れ、温度調節ができなくなっていたため、生徒は暖房が暑すぎるときは窓を開けていた。そのため無駄なエネルギーを消費していたことが分かった。これが直ることでどのような効果があるのか生徒たちが考え、プロジェクトの管理者がすべての弁を修理した。その結果、プロジェクト後は暖房が暑いから窓を開けるというようなことは減り、適切に温度調整し、無駄な電力消費も抑えることができるようになった。また、天井には消費電力100Wの古い蛍光灯がたくさんついていたが、これを35Wの蛍光灯に替えることで約60%の電力を削減できることが分かった。そこで付け替える作業が生徒も手伝って行われたという。

これらの結果、8年間で540万kWhの熱、140万kWhの電気（60世帯分×8年分）、7700万ℓの水（風呂桶50万杯分）、2650tのCO_2を削減することができた。また、学校側は会社から1万ユーロ（約130万円）を受け取り、学校の環境活動の費用に充てることができた[注4]。

　また、2010年11月29日、カンクンで行われた世界気候会議の開催を機に節電実験を行った。最初に全校生徒がホールに集まり、学校全体での電気使用量を記録した。その後、パソコンの電源をすべて消し、再び電気の使用量を記録、またさらに学校全体の電気を消し、再度記録を取った。生徒たちは、何がどれだけ電気を消費するかを知ることができたという。

● 「フィフティー・フィフティー」の先駆け

　エコワットプロジェクトはフライブルク市との協働プロジェクトとしては特殊なものであったが、光熱費削減で出た利益を市と学校で半分ずつ分けるという「フィフティー・フィフティー」という仕組みの先駆けとなった。他の学校でもエコワットプロジェクトの影響を受け、省エネや節水で資金を得る活動が生まれ、後になって「フィフティー・フィフティー」と名づけられたのである。そしてこれはのちに川崎市など日本の学校にも広がった。

　また、教員と生徒の参加を促すポスターを掲示していた。プロジェクトの終わりには、1000人もの生徒と先生が10分間運動をすることで18kWhの電力を発電するというエネルギー体感イベントを実施した。消防車の梯子を借りてこの時の様子、集合写真を撮影をした。

● 自然と共生し・活かす「遊びの家」

　緑に囲まれた校庭を回ると、たくさんの木製の小屋が林立している。5年生になると手作りの小屋を作るが、取り壊さずにずっと保存されているので、小屋は年々増えている。これらの小屋に隣接する「遊びの家」は、生徒や両親が一緒に製作したもので、エコロジカルな建材が使われている。

写真4・3　シュタウディンガー総合学校の木製の家

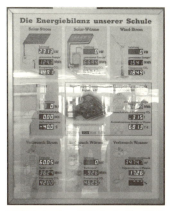
写真4・4　シュタウディンガー総合学校発電量リアルタイム表示板

また、4kWのソーラーパネルの設置や、1kWの小型風力発電装置も設置されている。

●主体性・社会性を重んじる教育スタイル

エコワットプロジェクトに8年間関わってきたアルムート・ヴィッツェルさんは言う[注5]。

「子どもが環境問題に対する情報を知り、実際に五感を持って体験すること、子どもたち自らが解決まで実行すること、また、生徒に環境問題について張り紙などを使って常に思い起こさせていました。たとえば、生徒たちにどのような目的でエネルギーが消費されているのか教えました。ごみの分別についても生徒に関心を持たせるために数種類のごみ箱を設置し、どのごみがどこに分類されるか説明もしました。ほとんどの生徒たちは主体的に参加をしていました」。

客観データによってもそのことが実証されている。シュタウディンガー総合学校中学2年生と、特色ある総合学習や地域貢献活動を実施している日本のユネスコスクール認定校の一つY高校の1年生と、普通のU高校の1年生の生徒アンケート調査結果の自己評価を比較してみると（図4・4）、シ

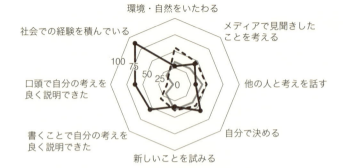

図4・4 シュタウディンガー総合学校中学生と日本の高校生の自己評価の比較
（出典：Staudinger Gesamtschule[注6]および筆者調査）

　シュタウディンガー総合学校とY高校はどちらも高いレベルであるが、「社会での経験を積んでいる」「口頭で、自分の考えを良く説明できた」「書くことで自分の考えを良く説明できた」「自分で決める」については、シュタウディンガー総合学校のほうが高いことが分かる。つまりシュタウディンガー総合学校は、主体性・社会性が身につく教育を行っていることが分かる。

　日本では次期学習指導要領で「主体的・対話的で深い学びの視点からの授業改善」が提唱され、アクティブ・ラーニングの視点が導入されつつあるが、学校の中にとどまらず開かれた教育を行っているシュタウディンガー総合学校は、まさに「主体的・対話的で深い学び」を実現している学校と言って良いであろう。

4.2 オールラウンド型の環境学習拠点
―エコステーション

　エコステーションはゼーパークという大規模公園の中にある環境学習拠点施設である。1986 年にフライブルク市が設立し、運営はドイツ最大の非営利環境保護団体であるドイツ環境自然保護連盟「ブント」(BUND, Bund für Umwelt und Naturschutz e.V.) に委託している。市内の多くの学校や幼稚園がエコステーションの提供するプログラムを利用している。毎年約 600 のプログラムが開催されており、1 万 5000 人以上の子どもや視察者が訪れている。ドイツの環境教育施設の中でももっとも古いものの一つで、毎年日本をはじめ外国からも多くの視察者がこのエコステーションに訪れているという。

●公園の中にある公設民営の環境学習拠点

　1986 年、州の庭園博覧会がフライブルク市で開かれることになり、砂利

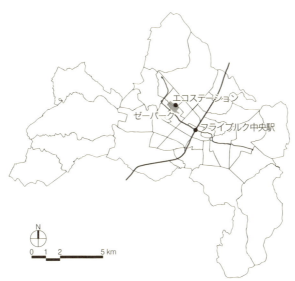

図 4・5　エコステーションの位置

第 4 章　質の高い教育をみんなに ｜ 53

の採掘場跡にゼーパーク（湖公園）が新設されることになった。そこでブントが、博覧会の多数の来訪者に環境保護に目を向けてもらうチャンスであると市に提言し、モデルハウスとしてエコステーションが創設された。評判が良いので恒久施設としてブントが運営することになった。

　ゼーパークの敷地の北東部にインディアンの建築をまねた八角形の建物がある。野外には、ハーブ園やコンポスト、ビオトープとしての池や野菜を育てるための花壇を備えたオーガニック・ガーデンに加え、果樹の生えた草地などもあって、環境教育に有効利用されている。すぐ近くの湖で水鳥を観察することもある。

● 「緑の教室」―子ども向けの多様な環境学習プログラム

　エコステーションの一番の原点は、子どもに自然について感覚的に学ぶ場を提供することである。知識を教え込むのではなく、子どもたちが五感を使って、自分の手で自然を観察したり探求し、自然を知り、それを守りたいと思う意識を育てることが一番の自然保護に繋がるからだ。それをベースに環境保護や持続可能性などの分野が発展し、子どもに生態系や食料品・農業・畜産、ごみ削減、エネルギー、消費活動などについての意識を高めてもらう各種プログラムも提供している。「持続可能な発展に関する学習」に関しては、ドイツのユネスコ委員会からその業績を2度にわたって表彰されている。また子どもだけではなく一般市民向けのイベントのほか、環境学習に興味を持つ人や教員・保育士向けのセミナーなども開催し、広く環境学習の場を設けている。

　環境教育の授業は「緑の教室」と呼ばれ、幼稚園からだいたい小学4年生までの子どもを対象に行われる。市内および近郊の学校からクラス単位で子どもたちが訪れ授業を受けるが、だいたいの場合は学校の担任の先生のイニシアティブで、年1回必ず来るクラスもあれば、そうでないクラスもある。申し込みの際にどのテーマで授業を受けたいか選択できる。小学校向けのテーマの一覧を表4・1に示す（2018〜2019年）。この他にも10代

表 4・1 小学校向けの「緑の教室」のプログラム（2019 年 5 月時点）

名称	内容	対象クラス※	授業時間
ワイルドキャロットとアワフキムシ	生物多様性についての学習。芝生と草地で比較しながら植物・動物の同定や観察を行ったり、在来種や外来種について学んだり、絶滅危惧種の保護について考えたりする	1～6 年生	1 時間半または 3 時間
生息空間としての木立や池	動植物の生息環境・ビオトープについての学習。生け垣や枯れ木が環境の中でどういう役割を果たし、蝶や蜂とどのような関係があるかについて学んだり、池の中にどんな生物が住んでいるか、実際に捕まえて観察したりする	1～6 年生	1 時間半または 3 時間
ごみではなくアイディアを出そう	ごみの分別や削減についてのほか、有機のごみが自然の中でいかに循環するか、焼却場におけるごみの熱リサイクルとは何か、自分たちが出したごみがどのように世界各地へ運ばれるのかなどについて学習する	1～6 年生	1 時間半または 3 時間
子どものためのオーガニック	健康な食事、食品および農業についての学習。子どもたちの年齢に応じて、ハーブや食用植物の栽培について学んだり、りんごを絞ってジュースを作ったり、穀物を挽いてパンを作って焼いたり、食べ物と気候保護の関係を勉強したりする。またエコステーションのスタッフが学校に赴いて、花壇を作ったりジャガイモを植えたりするプログラムもある	1～10 年生	1 時間半または 3 時間
子どものためのオーガニック―遠足	近郊の農家をはじめ、園芸屋や果樹のある草原などに遠足に行って、さまざまな体験学習をする	1～10 年生	3 時間
持続可能性を学び、持続可能に暮らす	自然保護やごみ問題、健康な食事などのテーマから組み合わせて、持続可能性についての学習をする	1～10 年生	1 時間半または 3 時間
緑のネットワーク	人間の手によって切断されてしまった生息地を、いかにして再び繋げるかについての学習。野生動物が道路を横断せずに別の生息地へ移動する方法について学んだり、緑の回廊（コリドー）の役割や、生息地のネットワーク化が生物多様性にとっていかに重要かを勉強する	5～8 年生	3 時間
自然を体験し探求する	小さなグループの中で子どもたちは自然をじっくりと観察し、発見したことについてなぜそうなのか考察し、記述したり他の人に説明したりする	2～4 年生	3 時間
生物多様性ジオキャッシング（宝さがし）	GPS 機器を使って湖の周囲でキャッシュ（宝）を探し、そこにある生物多様性に関わる質問や課題をクリアすれば、次のキャッシュを探しに行くことができる。ゲーム感覚で生物多様性に関する理解を深める	3～6 年生	3 時間
紙は木になるものにあらず―紙のリサイクリングで気候保護	日々消費される紙がどこから来るのかについての学習。パルプ採取のためにいまだ原生林の木が伐り倒されていることや、リサイクル原料の紙・紙製品を利用することで環境への負荷を減らせることなどを学ぶ。また古新聞から再生紙を作ってみたりする	3～8 年生	3 時間
小水路から海へ―海洋のプラスチック汚染	生活の中で大量に消費されるプラスチックの一部が海洋汚染を招いていることについての学習。プラスチックがどのように消費されているのか、マイクロプラスチックごみはなぜ発生するのか、その結果何が生じているのかなどについて学習し、どうすればプラスチックごみが減らせるかを考える	3～7 年生	3 時間
ごみについてのプロジェクト・デー	エコステーションのスタッフが学校に赴いて、生徒たちと一緒に、学校全体でどうすればごみの減量に取り組めるか考える。ごみの正しい分別について学んだり、生徒と一緒に学校の敷地のごみ拾いをしたりする	1～6 年生	3 時間
大豆―未来のためのパワービーンズ	食生活の見直しによって、環境負荷を減らしたり、社会の改善にも繋がることについての学習。菜食主義と気候保護の関係や、家畜飼料の栽培がどのように世界中で環境・経済・社会に影響を与えているかを考える。学校での 1.5 時間の授業の後、大豆を作っている農家や豆腐工場の訪問、または自分たちで豆腐を手作るワークショップなどが行われる	5～10 年生	1 時間半＋3 時間

※ドイツでは学校の学年を小学 1 年から通算で数える。8 年生は日本の中学 2 年生、10 年生は日本の高校 1 年生に相当

（出典：エコステーション[注7]）

半ばの子どもたち向けのプログラムや、学習に対して問題を抱える（とくに移民背景をもった）生徒向けの環境学習、フランスから来る生徒たちのためにフランス語で行われる「緑の教室」などもある。さらには、学校の休暇期間を利用したプログラムもあって、子どもたちが自由に参加できる。

　市民向けのプログラムもある。「今年の昆虫」「今年の植物」に選定された虫や植物についてのワークショップを行ったり、ガーデニングやコンポストについてのアドバイス、講演会や映画の上映会、写真やポスター発表の展示会などさまざまなイベントを開催している。自然の素材を使った工作や紙漉きなどの催しは、家族連れでにぎわう。

●他の団体とのネットワークが多彩なプログラムを生む

　エコステーションはフライブルク市でも古くから活動している環境教育団体であり、市や他の団体との協働も盛んだ。ごみ問題の分野では、独自のプログラムのほかに、フライブルク市廃棄物管理・清掃公社（ASF、12章参照）と一緒に子ども向けのプロジェクトを行っている。再生可能エネルギーの教育・啓発に力を入れるNPO法人ソーラーな未来（Solare Zukunft e.V.）とは、再エネに関するにさまざまなイベントや学習プロジェクトを行ってきた。グローバルな問題や、市民団体のネットワーク作りについてはアイネ・ヴェルト・フォーラム（17章参照）と強い連携を結ぶ。そのほかにも、街路樹の植え込みを世話する人を募り、外来種の植物を排除して生態系の維持に役立つような植物を植えてもらうプロジェクト「フライブルクは花盛り（Freiburg blüht auf）」を市の造園・土木局と一緒に手がけている。

　緑の教室のプログラムの中には農家への遠足などもあり、近隣のいくつかの農家と提携している。また、隣接するヴェンツィンガー・ギムナジウムやヴェンツィンガー実科学校の生徒（ともに5年生対象）が昼休みに利用できるプログラムや、同学校のエネルギー委員会の生徒が受けられる学習プログラムなども提供している（17章参照）。

　フライブルク市はESD（持続可能な発展のための教育）に関する基金を作

写真 4·5　エコステーションのあるゼーパーク

っているが、この運営をエコステーションが請け負っている。基金からの支援を受けている取り組みは、持続可能な交通、持続可能な農業、食と栄養、廃棄物・リサイクル、フェアトレード、民族の多様性、自然生態系など多様だ。

　エコステーションは30年以上にわたる確実な実績とノウハウを備えていて、フライブルク市のサステナビリティ評議会にも市民団体の委員として参加している。環境教育だけにとどまらず、環境保護、持続可能性といった分野で市の中でも中心的な役割を担っていると言えるだろう。

● **市民向けプログラムの例**—古新聞を使って再生紙を作る

　筆者らはエコステーションに何度も訪れている。フライブルク中央駅からLRT（路面電車）の1番で西に約10分でゼーパークの最寄り駅に着く。ここにはフライブルク大学の学生寮が林立しているが、その敷地を通って行くと大きな人工湖が見えてくる。さらにその先に進むと八角形の建物が見えてくる。自然に任せて緑化された屋根、ほぼ無加工の丸太で組まれた屋根と土壁・石壁、太陽光をふんだんに取り入れられるよう南側に設置さ

れたサンルーム。これがエコステーションのメインの建物である。この建物はそれ自体がエコ建築のモデルであり、地元シュヴァルツヴァルト（黒い森）産の木材、断熱性の高い土壁、壁の断熱材として再生紙のフレークや古コルクが使われている。南側の窓の上には太陽光パネルと太陽熱温水器が取り付けられている。トイレの水は雨水で、ドアや窓などは解体された古い建物から持ってきて、再使用されたものだそうだ。

　2013年12月15日は、古新聞を使って再生紙を作るアトラクションがあり、共同取材者の髙木紗弥さんとともにそれに参加した。30人ぐらいの親子が参加していた。日本で行う和紙づくりに似ている。乾かしている間に、お茶やパイがふるまわれたが、これも当然オーガニック（有機栽培）である。しばらくすると色とりどりの紙ができあがった。特段の講話もなく、自由に活動しており、"教え込んでいる"イメージはない。

　一方2014年1月22日は、オーガニック・ガーデンを訪れた。薬効別に分けられたハーブ園、ハチが巣を作れるように穴を開けた木製ブロック、コンポスト（たい肥）などを見せてもらった。これらはすべて環境学習の教

写真4・6　エコステーションの正面玄関

材であり、造園のマイスターとボランティアによって手入れされている。訪れた時間はちょうど昼休みであり、ヴェンツィンガー実科学校の生徒たちがたき火に参加していた。仕切っているのは大学入学前のボランティアの実習生であった。

●自由度の高さが学校や市民の環境学習活動を後押し

フライブルク市にはエコステーション以外にも、ヴァルトハウス（15章参照）やクンツェンホーフなどの環境教育支援施設がある。これらの施設は市の中心部からLRT（路面電車）を使って15分程度で、学校や一般市民が利用しやすいところにある。

これらは市民主体で運営しており、行政が予算や補助金を出しているにもかかわらず、行政からの独立性が高い。とくにエコステーションはしば

写真4・7　新聞紙による紙すき

写真4・8　オーガニックガーデンと薬草園

写真4・9　エコステーション内でラルフ・フーフナーゲル（中央奥）さんの話を聞く芝浦工業大学学生（2018年9月）

しば行政に対して"物言う"環境保護団体であるブントが運営しているにもかかわらず、市は「金は出すが、口は出さない」という姿勢でいる。そのためもあり、他の市民団体と連携して実施されているプログラム・プロジェクトも多い。さらにドイツの学校はカリキュラムの自由度が高く、教師が自身の裁量でこれらの施設に生徒を連れてくることが容易に可能であり、隣接する学校は休み時間に利用することも認められている。

　所長のラルフ・フーフナーゲルさんは言う[注8]。

　「エコステーションの重要な課題の一つは政治的な能力を持ってもらうことです。3人の息子がいる家族が、家庭内で話し合い、エコな電力を入れようという話になりました。またフライブルク大学の学生はここでよくボランティアをしていますが、ドイツの他の大学と同様、学生が学生寮の予算の使い方について意見が言えるようになっています。市のサステナビリティ評議会においても市民が活発に提言を行っており、それが市の政策に採用されています」。

　このように、批判的思考や政治的な能力の醸成に繋がる学習プログラムを自由に組めるエコステーションのような拠点が存在することが、真の"民主的"なシティズンシップ教育、つまり自立して考える「市民」が育つ機会や場の一つになっていると言えよう。

　日本では、環境教育の拠点施設がごみ焼却場に併設されるなど立地が悪い場合が多い。また学校の授業がタイトで利用のチャンスが少ない。施設の指定管理者として入っているNPOも行政の下請け的傾向が強く、この事例のように多様で自由にプログラムが組めないのはもったいないことである。

多種多彩なプログラムを有する生涯学習センター
——フォルクスホッホシューレ・フライブルク

● 民主主義のための生涯学習センター

　フォルクスホッホシューレ（Volkshochschule　直訳すれば市民高等学校、以下VHS）は日本でいう生涯学習センターのような役割を持っていて、ドイツ各地に 900 校以上ある。源流は 19 世紀にデンマークで生まれた「民主主義的な権利の行使のためには市民の教養が大事」という考えで、19 世紀の終わりごろからドイツでも作られ始めた。それぞれの学校は独立しており、運営主体も自治体だったり公益会社だったりとさまざまである。フライブルク市の場合はフェアアイン（日本でいう NPO 法人）で 1919 年に創立され、

図 4・6　VHS の三つの建物の地図　(出典：フォルクスホッホシューレ注9)

第 4 章　質の高い教育をみんなに　｜　61

写真4・10　昔の修道院を利用したVHSのメインセンター

今年誕生100年目を迎える。

　メインの建物は駅から徒歩5分の好立地にある。受講者の増加を受けて、ここ数年の間にすぐ近くの別棟や駅直近のアトリエも設置され、スペースを拡充している。料理教室のように特別な設備が必要な場合、市内の学校などを借りて行っている場合もある。

●政治から趣味まで──多種多様なプログラム

　「講演：政府は秘密を持つことが許されるか？」「ストラスブールのヨーロッパ議会見学」「セミナー：どうやって少ないお金で生活できるか？」「アンドロイド・タブレットの使い方コース」「金細工体験」「太極拳」「カヌー教室」「初心者男性向けの料理コース」「アラビア語コース」。これらは、VHSから年2回発行される冊子にあるプログラムの、ほんの一例である。120ページあまりにおよぶこのパンフレットには、細かい字でA4サイズのページにびっしりとVHSが提供している学習コース、セミナー、見学会、ワークショップや講演会等が紹介されている。

　プログラムの目次を表4・2で示す。文化・造形、健康促進、語学といった日本のカルチャーセンターに見られるプログラムだけではなく、政治・社会・環境や仕事・職業といったプログラムも充実していることが分かる。

ALLGEMEINE INFORMATIONEN	VHS SPEZIAL	ANGEBOTE FÜR ZIELGRUPPEN
Kalender, Anmeldung 2 VHS-Team 3 Einzelveranstaltungen, VHS-Vortragspass 4 Exkursionen 5 Volkshochschulen rund um Freiburg 24 VHS-Kursorte in den Stadtteilen 120 Stichwortverzeichnis 122 Allgemeine Geschäftsbedingungen 126 Anmeldeformular 128	Bildungszeitgesetz 40 Samstags-Uni 26 Akademie am Nachmittag 27 Bildungsberatung 39 Zertifikate und Abschlüsse 123 Kunstreisen 29 VHS-Galerie 65 **IM BLICKPUNKT EUROPA** 6	Junge VHS 10 Fit für Schule und Beruf 11 Frauenforum 13 Eltern und Familien, elfa 16 Menschen mit Behinderungen 20 Seniorinnen und Senioren 21

GRUNDBILDUNG – SCHULABSCHLÜSSE 22

POLITIK – GESELLSCHAFT – UMWELT
Geschichte, Zeitgeschehen 25
Länder, Völker, Regio 27
Führungen und Exkursionen 28
Ökologie, Umweltbildung 32
Recht, Finanzen, Verbraucherfragen 33
Philosophie, Religion 35
Psychologie und Persönlichkeit 36

ARBEIT, BERUF
Lehrgänge, Bildungszeitgesetz 40
Soziale Kompetenz 41
Lern- und Arbeitstechniken 44
Rhetorik 45
Wirtschaft 45
Computerschreiben 47
EDV, IT 47

KULTUR – GESTALTEN
Literatur und Lektüre 51
Kaligrafie, Schreiben 52
Theater 53
Stimmbildung, Gesang 54
Instrumentalunterricht 55
Kunstgeschichte 57
Zeichnen, Grafik 58
Malen 61
Kunstkolleg 63
Familien-Kreativaktionen 64
Fotografieren und Medienkunst 66
Plastisches Gestalten, Kunsthandwerk 68
Mode, Nähen, Stil 71
Spielen 73

GESUNDHEIT
Informationsforum 74
Behandlungs- und Heilmethoden 75
Entspannung und Gesundheit 77
Bewegung und Gesundheit 82
Bewegung und Tanz 87
Outdoor-Fitness 90
Ernährung, Essen und Trinken 92

SPRACHEN
Deutsch als Zweitsprache 98
Deutsch als Fremdsprache 100
Englisch 104
Französisch 108
Italienisch 110
Spanisch 112
Seltener gelernte Sprachen 115

Kulturveranstaltungen
Quer durchs Zeichengebiet – Einblicke in Handschuhs Hefte (Gesprächsvorträge)
Fr, 29.3., und Fr, 24.5., jeweils, 19.00 Uhr, s.S. 58

Musik und Sprache
Fr, 29.3., 19 Uhr, s.S. 51

Sylvia Fabiola: „Gesichter der Liebe"
Musikalische Autorenlesung mit Bildern von Octavio Ocampo
Fr, 15.3., 18 Uhr, s.S. 57

Side-by-Side-Konzert des Orchesters „Con anima Freiburg"
Fr, 5.7., 19.30 Uhr, s.S. 55

Neuer Rotteckring
Freuen Sie sich auf die Eröffnung des neuen Rotteckrings am 16. März mit Schnupperkursen und Vorführungen Ihrer VHS ab 14 Uhr.

VHS Freiburg: *Bildung, die nahe liegt und weiter bringt*

図4・7　フライブルク市民大学のプログラムの目次（表4・2に和訳の抜粋を示す）
　　　（出典：VHS [注10]）

表4・2　VHS　2019年2月〜9月までのプログラム・目次（抜粋）

- 特集　ヨーロッパ

- 特定グループへの特別講座
  - 子ども・青少年向け
  - 学校や仕事のための補習
  - 女性フォーラム
  - 教育、家族
  - 障害者
  - シニア世代

- 基礎教育、学校卒業資格取得

- 政治・社会・環境
  - 歴史、時事
  - 国、民族、地域
  - エコロジー、環境教育
  - 権利、お金の運用、消費者支援
  - 哲学、宗教　など全7項目

- 仕事、職業
  - 社会的スキル
  - 学習・仕事のためのスキル向上
  - 話し方講座
  - 経済
  - EDP（電子データ処理）、IT　など全7項目

- 文化、造形
  - 文学と読み物
  - 演劇
  - ボイストレーニング、コーラス
  - 楽器
  - 絵画
  - 実用的な製品の作成、工芸品作り
  - モード、裁縫、スタイル　など全14項目

- ヘルスケア
  - 治療・セラピー
  - リラクゼーションと健康
  - 運動、ダンス
  - アウトドア、フィットネス
  - 栄養、食事　など全7項目

- 語学
  - 外国人のためのドイツ語
  - 英語
  - フランス語
  - スペイン語
  - その他外国語　など全6項目

（出典：図4・7と同じ）

2017年の1年間で2323のプログラムが実施され、延べ4万5606人が参加したという。フライブルク市の人口は約23万人なので、単純に計算すると市民の5人に1人は何らかの形でこれらの「授業」を受けたことになる。

● 時代とともに変遷するプログラム

「VHSが提供するプログラムは社会の変化によって変わってくる」と話すのは2008年から校長を務めるエファ・フォン・レコウスキィさん。難民問題、女性差別や社会福祉、環境・持続可能性といった政治的問題はもちろん、「たとえばコンピューターは今では非常に重要な道具だが、多くの人は学校で習ってこなかった。またドイツ語の授業は外国人が増えたことで需要が高まった」と言う。母国語であってもドイツ語の読み書きに難がある人のための学習コースや、ギムナジウム卒業資格（大学入学資格）を取得するための夜間コースなどもある。またとくにイスラム圏から来た女性（難民）向けに「自転車の乗り方」を教える授業なども開催された（イスラム圏では女性が自転車に乗ることを禁止されている国が多い）。市民がそのときそのときに必要としている学習ができるようになっているのだ。

● 「すべての人のための教育」で人を幸せにする

VHSはすべての人に教育の場を提供することを理念としているため、参加費用も庶民価格である。たとえば英語の初心者コースは1時間半の授業が15回あって90ユーロ、日本円で1回だいたい800円程度である（2018年末のレート換算）。ギターのコースは1時間半が8回で85ユーロ。講演などは無料のものも多く、またかかっても6ユーロ程度（750円ほど）。ドイツ語を習得したい外国人であれば、民間の語学学校に行ったりすることもあるが、やはりVHSの価格は魅力的であり、ドイツ語コースに参加している日本人も多い。VHSの収入のうち、受講者が払う参加費が占める割合は45％ほどで、それ以外は市や州からの補助金などで賄っている。

「プログラム冊子を1ページずつ読みこむ人だっている」とレコウスキィ

校長は言う。これには筆者もあてはまる。各人の興味・関心が細分化された現代社会においても、これだけ多彩なプログラムが用意されていれば、何かしら個々人に引っかかるものが出てくることだろう。

「一般的なアンケート調査によって、学ぶという行為をとおして、人が社交的になったり、コミュニケーション力がついたりすることが分かっている。また具体的には、子育てや家庭の悩みがVHSでの講座で解決することだってある。VHSは人を幸せにすることができる」と生き生きと話す校長。彼女自身もそこで働けることを幸せに感じているのがうかがえる。

● 60の市民団体との連携で実施されるプログラム

非常に多岐にわたるプログラムを提供しているVHSだが、それらすべてを独自に提供しているわけではなく、他の市民団体と共同開催することも

写真4・11　毎年3月に行われる東日本大震災・福島原発事故に関するチャリティイベント「日本文化の日」　フライブルク在住の日本人有志によって催され、毎年大勢の来訪者でにぎわう　(提供：Peter Silaj氏)

多々ある。先方がアイデアを持ち込んでくる場合もあるし、VHS側から協働を呼びかけることもあるそうだ。「フライブルクの60の市民団体が私たちと協力関係にある。彼らはVHSのスペースを使うことができるし、またプログラム冊子は市内の各家庭に配られるので、宣伝もしやすい。関係は常にWin-Win」とレコウスキィ校長。各市民団体は独自のプログラムを持っているが、その案内が配布されるのは限られた場所でしかなく、広範囲には行き届かない。VHSの冊子に掲載されれば、市民の目に触れる機会も格段に多くなるのである。

　このような多彩なネットワークを有していることで、VHSは市民団体が一般市民を巻き込んで活動できる拠点になっている。日本は公正中立を重視するあまり、生涯学習講座はほとんど行政主導で実施され、市民団体に開かれている自治体は少ない。また、一部の学芸員を除き人事異動で人が変わることが多く、特定分野に詳しい専門家が少ない。そのため、地域の持続可能な発展のための実践活動が拡大せず、それを担う人材も育ちにくい。

　「教育というのはそのものが持続可能性のようなもの。学ぶことを通じて、次の実践のプロセスにも結びついていく」。つまりレコウスキィ校長は、フライブルク市の持続可能な発展にもっとも貢献してきた人の一人かもしれない。

第5章
ジェンダー平等を実現しよう

ジェンダー平等を達成し、すべての女性および女児の能力強化を行う

　ドイツのジェンダー平等（男女共同参画）に関する評価は北欧ほどは高くないが、日本に比べ女性の活躍する場や機会は格段に多い。フライブルク市においてもジェンダー平等に関するキャンペーン活動が、市民の目に触れやすい書店やカフェなどで行われている。ここではその主要な活動である、「女性への暴力に反対する16日間」について紹介する。

5.1 カフェや書店でジェンダー平等活動
―女性に対する暴力反対キャンペーン

●書店やカフェも協力する「女性への暴力に反対する16日間」

11月25日の「女性に対する暴力撤廃の国際デー」から、12月10日の「国際人権デー」にいたる16日の間には、女性と女児に対する暴力をなくすための世界的なキャンペーンが行われている。フライブルク市においても、メンシェンレヒテ3000（MENSCHENRECHTE 3000 e.V.、メンシェンレヒテはドイツ語で人権）という団体が中心となって「女性への暴力に反対する16日間」というイベントを行っている。このイベントは、女性および人権活動の分野で活動している42の協会や組織、イニシアティブで作る「女性への暴力に反対する16日間のフライブルク行動同盟」が実施している。このネットワークは行動日を同一にして、2012年の初回から7年間活

写真5・1　2018年のキャンペーンのロゴ　（出典：女性への暴力に反対する16日間注1）

写真5・2　書店での展示活動
（出典：写真5・1と同じ）

写真5・3　カフェ、パブ、レストランでの募金活動（出典：写真5・1と同じ）

写真5・4　デモの様子（2013年）（出典：MENSCHENRECHTE3000 e.V. 注2）

動を継続している。

　毎年行われている取り組みとして、書店やカフェ、パブとレストランと協力し「女性や少女に対する暴力 NO」のポスターキャンペーンやフライブルク市立図書館での展示会がある。

●**多様なプログラム**──DV から難民女性、障がい者女性の人権問題まで

　2016年度のプログラムを詳しく見てみよう。

　講演・パネルディスカッション系としては、以下のようなものがある。

企業、学校、家庭におけるイスラム教徒女性の差別に関する講義とディスカッション、女性の連帯を強化するための女性のみのワークショップが行われる。また、難民女性に対する性的暴力に関する会議、すなわち出身国で性的嫌がらせを受けた女性が逃走中に受けるセクハラや脅迫、暴力について事例に基づき、収容施設での実態や問題点を検討する会議がある。また、家庭内暴力（DV）の問題では、DVを受けた女性への支援、サイバーいじめなどについて、新しい科学的研究と実際的な手順についての議論をする。さらに、男女の不平等な権利関係、日常生活における暴力、法律の制定状況や取り組みの達成状況などに関するパネルディスカッションが実施される。

ワークショップ系としては、フェミニスト女子協会のワークショップ「ウエン・ドゥー」コースが開催され、女性の自己防衛と自己主張の方法についての実習が行われる。障がいのある女性について考える会議、ISの恐怖から逃れた女性のトラウマ治療の実態報告も行われる。

映画や演劇も行われる。すなわち、女性向けシェルターの女性とともに撮影した映画の上映を通じ互いの経験を交換する。また、女性に対する暴力の演劇を上演し、身体的・精神的な暴力について演劇をとおして考える機会を設けている。

ツアー系としては、女性に対する暴力が行われた場所や暴力行為を思い出す場所への見学ツアーをする。これはそのことを記憶にとどめることを目的としている。

● **国際的な活動とのリンク**

メンシェンレヒテ3000はこのイベント以外でも国際的な活動を実施している。カナダを訪問した際、原住民女性が殺害された問題を知り、カナダ政府に働きかけたり、ウラン採掘現場で行われている人権侵害について紹介したりしている。そもそも「女性への暴力に反対する16日間」は、スイスで行われていたのを知り、ドイツでもできるだろうと思ったのがき

っかけという。

●まだまだ薄い行政や市民の関心

　メンシェンレヒテ3000のグートルン・ヴィッペルさんは言う。
　「市役所の女性平等の担当者は一人だけです。相談窓口や女性のためのハンドブック作成、女性のための夜のタクシー送迎事業を行っているだけです」。「市民は、レイプ事件が起きると一時的に人が集まるが、その後熱が急速に冷めてしまいます。2年前パネルディスカッションに60〜70人が集まりましたが、長続きしませんでした。カナダの原住民に対する人権侵害の問題にも関心が薄いのです」。
　しかしそうは言っても、男女共同参画の実態や市民の関心は、日本に比べてはるかに高い。世界経済フォーラム（World Economic Forum）が2018年12月に発表した「グローバル・ジェンダー・ギャップ報告書2018」において各国における男女格差を測るジェンダー・ギャップ指数（Gender Gap Index：GGI）[注3]において、日本の総合スコアは0.662、順位は149ヶ国中110位である。これに対しドイツは、0.776で14位である。女性の地位向上や安全性向上のための運動は、日本では政治的な活動とみなされ、書店やカフェなどが協力することはあまりないし、デモも見かけない。そのような活動が毎年行われ、市民の目に触れる機会があるフライブルク市との大きな違いを感じざるを得ないのである。
　市内ではほかにもさまざまな市民団体が活動しており、暴力を受けた女性を支援したり、避妊や依存症といった健康問題の相談を行っていたり、若い女性・女児に護身術や自己主張の方法を教えたりしている。民間レベルで女性による女性のための支援体制が充実しており、問題を抱えた女性が相談できる場所がある。日本でもそういう場所が増え、暴力や差別を受けた女性が泣き寝入りせずに声を上げられる環境が整っていけば、男女格差が少しずつ改善されるのではないだろうか。

第6章
安全な水とトイレを世界中に

すべての人びとの水と衛生へのアクセスと持続可能な管理を確保する

　「水と衛生」分野は、市民ニーズの有無にかかわらず取り組みが必要なテーマであるが、高い専門性が必要なことから、市民参加が実現しにくい分野と言われる。しかしフライブルク市では、専門家と行政、市民団体などが協力して、水資源管理や水環境改善に取り組んでいる。また市内を歩くと街なかでベッヒレという水路を見かけたり、近自然工法を取り入れた河川を見かける。そこで本章では、市民活動の中核的存在であるレギオヴァッサーの取り組みについて紹介する。

6.1 水の問題に市民の立場からアプローチ
—レギオヴァッサー

　フライブルク市および周辺地域の水・水資源の管理に関する問題を取り上げるNPOがレギオヴァッサー（Regiowasser e.V.、「地域の水」）である。1999年に、ボンに拠点を置く「市民運動によるドイツ環境保護協会（BBU）」のワーキンググループ・アーカーヴァッサー（AKWasser）と、フライブルク市および周辺地域で電気・水道・ガス事業を営むバーデノーヴァが「レギオヴァッサー2005（regioWASSER2005）」という研究会を立ち上げたのが始まりである。市の環境局や健康管理局（保健所）、上水・下水の管理局やフライブルク大学の研究者、バーデン＝ヴュルテンベルク州支局の農業部門や水事業部門なども参加し、水にまつわる課題を政治任せにするのではなく、専門家も市民も一緒になって考え、世間に広めていこうと活動している。

●**硝酸塩など、目に見えにくい問題を提起**

　上下水道が整備され、産業による河川や湖沼の汚染などもほぼ起こり得なくなった先進国では（環境規制の緩い国に事業を移した企業があるという事実はともかく）、水資源管理の問題というのはあまりピンとこないかもしれない。水道の蛇口をひねればきれいな水が出てきて、水が流れて行く先についてもあまり考える必要はない。きれいな水道水がないために病気になったり、そもそも水を手に入れるために何キロも歩かないといけない発展途上国の問題と比べれば、「ある意味贅沢な悩みだ」とレギオヴァッサーの代表者ニコラウス・ガイラー氏は苦笑する[注1]。

　しかしたとえば、農業・畜産業などから生じる硝酸塩（発がん性物質に変化する）が飲料水を汚染している問題などは深刻で、ドイツが十分な対策をとっていないとしてEUの最高裁に訴えられたことから、2018年には何度もニュースで取り上げられた。下水に関しては、海洋汚染の原因となるマ

イクロプラスチックが化粧品や化学繊維製品などを通じて家庭から排出されることが大きな問題になっている。また筋肉の痛み止め等の外用薬が、使った人が体を洗うことによって排水に混じり、浄水場で処理しきれず河川の生態系に影響を与えているという事例もある。さらに踏み込めば、農業生産や工業品製造の際に大量に消費される、目に見えないバーチャルウォーター（仮想水）も水に関するテーマである。

EUは2000年に水政策枠組み指令を定め、加盟国に水に関する政策を持続可能で環境負荷の少ないものにすることを義務づけた。その中で、あらゆる関係者が参画することや、市民への情報提供および意見を聞くことも要求している。水や水資源の管理は、市民があまり関わってこなかった分野だが、レギオヴァッサーではこの指令の達成を活動の中心におき、水・水資源管理を行う役所や団体、研究機関などと協力して水政策に積極的に関わっていこうとしている。

●約36％の地下水が「悪い」状態

EU水政策枠組み指令では、加盟国に河川・湖沼・海洋など水域環境の改善や、地下水の水質・水量の改善を2015年までに求めていて、達成できなかった場合の延長期限を遅くとも2027年と定めている。しかしこの最終期限である2027年にいたっても、指令の定める基準に達するのはドイツ全体で最大でも20％ぐらいではないかとガイラー氏は言う。WWF（世界自然保護基金）ドイツ支部が2018年11月に発表した資料によると[注2]、ドイツ連邦の16の州で一つとして、水政策枠組み指令が求める基準に達している州はないという。ドイツで約36％の地下水が「悪い」状態にあり、その理由として農業由来の硝酸塩や、水銀（主に石炭産業に由来する）などの物質による汚染等が挙げられている（図6・1）。またドイツ全体の水域の中で、環境的に非常によい・よい状態にあるのはわずか8.2％にとどまるという。

「ただ、水の問題に関して市民の関心を集めるのは、悪いことでも起きないかぎりなかなか難しい」とガイラー氏は話す。たとえば1986年にライン

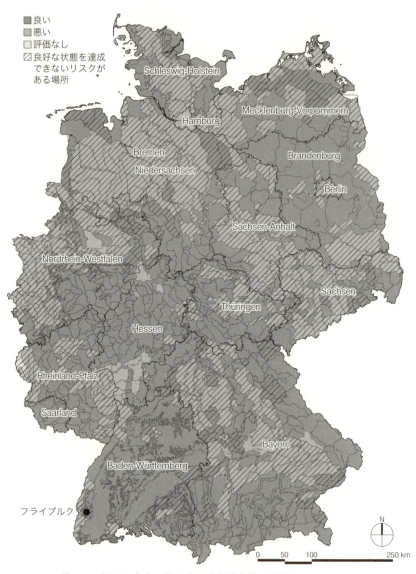

図6・1 ドイツ全土の地下水の化学的状態の評価 （出典：WWF 注2）

川上流にあるスイス・バーゼル市の化学薬品倉庫が焼失し、大量の有害物質がライン川に流出して魚の大量死を招いたことがあった。また1988年にはドイツ北部の海洋沿岸で大量のアザラシが死亡した際、環境中の有害物質がアザラシの免疫機能を低下させたことが原因ではないかと見られ、大きな話題になった。2000年頃には水道事業の民営化問題が起こり、さまざまな自治体でそれに反対する住民投票なども行われたという（ガイラー氏はその当時、民営化の反対運動に大きく貢献した）。これらの事象があれば一時的に水資源への関心は高まるが、残念なことに、それが長期的なアクションにはなかなか結びつかないという。

● 市内のドライザム川での自然再生の取り組み

しかしレギオヴァッサーは地域の水管理においてこつこつと実績を築いている。たとえばフライブルクを流れるドライザム川のあり方についても議論をしていて、コンクリートによる護岸工事などを元の自然の形に戻したほうがいいか、市民の憩いの場としての川辺をどう改善できるかなどを探っている。2016年にはアイネ・ヴェルト・フォーラムなど他の団体と協働して4〜10年生の児童・生徒向けにドライザムや川をテーマにしたプロジェクトを行った。

2012年からは、川から姿を消した鮭が再び戻ってくるようにと、地元の小学校と協力して数回にわたって稚魚を放流している。近代の産業化が進む前は、ライン川の河口アムステルダムから850km以上離れたスイスまで鮭が遡上していて、ライン川の支流であるエルツ川をへて、ドライザム川にも鮭の姿が見られたという。工業化が進み、大規模な水力発電施設や堰が作られたり、水質が悪化したりしたため、この地域周辺で鮭は1945年に最後の個体が捕獲されて以降、確認されていない。その鮭を再び取り戻そうと、ライン川および支流でさまざまな取り組みが行われている。実際に、ライン川とドライザム川を結ぶエルツ川までは、わずかながら鮭が再び戻ってきているという。この鮭をドライザムまで呼び戻すためには、魚道の

写真6・1　近自然工法を取り入れたドライザム川

写真6・2　鮭の放流を行う子どもたち（提供：レギオヴァッサー）

整備、堰の改修などの対策が必要だという。

　そのほかにも、ライン川流域で洪水対策として堤防や緩衝地域を設定するにあたり、行政と市民の間の意見調整を行ったり、広く住民参加を呼びかけたりする活動もしている。自然保護と洪水対策というややもすれば相反する事柄を調和させ、かつそれを地元の市民に理解してもらうという大きな課題に、専門家としての見識をもとに巧みに取り組んでいる。

●「世界水の日」でボトル入り飲料に警鐘

　1992年、リオデジャネイロで開催された地球サミットで、3月22日を「世界水の日」と定めることが提案され、同年内に国連総会本会議で決議された。その後93年から毎年「世界水の日」が開催され、人間の生存基盤としての水の意義を啓発している。2019年は「誰一人として取りこぼさない──水と衛生管理をすべての人に」というテーマで開かれた。

　フライブルク市では3月20日にレギオヴァッサーが主催し、市やフライブルク大学、インフラ公社であるバーデノーヴァ（8章参照）などの共催のもと、「水道水、ボトル入り飲料水と世界の水問題」というテーマでパネルディスカッションが開かれた。ボトル入りの飲料水は普通の水道水に比べ500倍も環境負荷が高い上、価格も高い。またミネラルウォーターを地下から過剰に汲み上げることにより、水源地で問題を引き起こすケースもある。イベントでは世界的なミネラルウォーター販売会社であるネスレ社の広報官を招き、その点について議論が交わされた。また「世界の水問題」への関心を提起するため、1ヶ月間ボトル入り飲料水の購入を絶って、そこで節約した金額を発展途上国における水問題解決に充てることが呼びかけられた。

●きれいな水や美しい景観維持のための「縁の下の力持ち」

　水の問題というと、日本では水不足や節水というのが大きなテーマだが、ドイツは降水量が日本より少ないわりに、農業分野を除けば水不足の問題

はまったくと言って良いほどない。これは総人口がそもそも日本より3分の2と少ないうえ、生活習慣の違いのためか、家庭部門における一人あたりの水道使用量も半分ぐらいであることも関連するだろう。ある意味ドイツでは、「水」は日本よりも問題視されにくいテーマかもしれない。

　だがレギオヴァッサーの活動は非常に多岐にわたる。外用薬が河川の小動物に与える影響の問題や、ドイツ国鉄が民営化されて以降廃止された駅の水飲み場を復活させようという取り組み、バーデノーヴァなどの水道事業者と発展途上国のエンジニアのパートナーシップを作ろうとする試みなど、一言で水といっても多様な切り口があることがうかがえる。ドイツ国内でも著名な水に関する専門家であり、自然保護活動家であるガイラー氏が、1980年代から水の問題に取り組み実績を積んできたことも大きい。しかし彼の仕事は「9割以上が報酬のないボランティア」であるという。

　今日の先進国の大部分ではきれいな水道水や衛生施設を当然のように享受したり、美しい河川・渓流、湖を楽しむことができるが、その背景にはそれらを守り、維持管理している多数の「縁の下の力持ち」が存在しているはずである。水の問題を考えるにあたっては、それらの仕事も鑑みながら、水道をひねったら出てくる水の価値を改めて問い直すことがまずは重要かもしれない。

第7章
エネルギーをみんなに そしてクリーンに

すべての人びとの、安価かつ信頼できる持続可能な近代的エネルギーへのアクセスを確保する

　フライブルク市は1986年の「地域エネルギー供給コンセプト」の策定を契機として、再生可能エネルギーの利用やエネルギー利用効率を高める取り組みなどを官民あげて実施したおかげで、「ソーラーシティ」や「環境首都」の称号を欲しいままにしてきたと言える。そのような評価を得た要因の一つに、教育によって高い市民意識が醸成されたことや、市民や学校の環境活動を支援するエネルギーコンサルタントの存在が挙げられる。

　そこで本章ではエネルギーコンサルタントの一つで市民共同発電所を支援する「エコシュトローム」と、生徒がソーラー発電会社を設立・運営する「独仏ギムナジウム」について取り上げる。

7.1 市民出資で太陽光や風力発電所を建設
―エコシュトローム

●市民共同発電所の設立を支援する民間企業

　エコシュトローム(Ökostrom)はドイツ語のエコと電力がくっついた言葉であり、市民が出資した再生可能エネルギーによる発電所、つまり市民共同発電所の設立を支援する民間企業がエコシュトローム・フライブルク(Ökostrom Erzeugung Freiburg GmbH、以下エコシュトローム)である。エコシュトロームはフライブルク市と周辺地域において、主に風力発電や太陽光発電の設備の運営や管理を手がけている。新たな設備を作る際は、その周辺地域の市民からの出資を募り、施設を設置する。

図7・1　エコシュトロームが手がける市民共同発電所の分布　(出典：エコシュトローム[注1])

表7・1　エコシュトロームが手がける市民共同発電所の発電実績（2013年）

種別	施設名	発電量（万kWh/年）
風力	地域風力・フライブルク	160
風力	地域風力・ザンクト＝ペーター	1,490
風力	地域ミックス・2030	786
太陽光	地域風力プラス・ラー/ゼールバッハ	16
風力	ヤッハ	30
太陽光	地域太陽光・コンパス	163
太陽光	都市電力・ラシュタット	108
太陽光	地域太陽光・フライブルク	95
水力	ケンツィンゲン・リニューアブル	97
太陽光	地域太陽光・ソーラー大学フライブルク	53
太陽光	地域太陽光・ブライスガウ	48
太陽光	地域メガソーラー2010	37
風力	フライアムト	970
風力	風力エネルギー・テンレビュール	580
風力	風力・太陽光フライアムト	310
水力	地域水力発電所第1	30
太陽光	地域太陽光・ブライスガウ	48
風力	フレーント	240
風力	エッテンハイム風力発電所	230

（出典：バーデノーヴァ[注2]）

● 市民参加で運営し利益を出す

　エコシュトロームには30にも及ぶ子会社がある。それは再生可能エネルギー設備のプロジェクトごとに子会社を設立しているからである。設備を作る際に地域の市民からの出資を募るが、それは単純な資金集めではない。売電による利益が地域へと循環することで経済効果が得られること、再生可能エネルギー設備への出資を通じて市民の再生可能エネルギーに対する意識向上を期待して行っている。

　市民だけで新しい再生可能エネルギー設備を作ることは難しい。専門的な知識を持つ人がいなければ計画が進まないので、エコシュトロームは市民の意見を聞きながら計画を進める。市民とともに運営し、利益を出すことが最終目標である。

写真7·1　山の上に立つ市民風車

● 6基の風車を建てるために市民出資を募る

　6基のフライブルクの"市民風車"を例に取ろう。山の上に建つ6基の風車は年間1600万kWhを発電し、約5400世帯の電力を賄っている。風車はどこに建てても良いわけではない。風が強くて発電効率が良く、近隣の住宅まで適度に離れていて、かつ周辺の自然保護地域や生態系にも配慮する必要があり、適地は限られている。そこで風車の設置場所を4年もの時間をかけて検討した。その結果、風況の良い市内の山の上となったが、送電網や建築の都合上、設置は簡単なことではなかった。

　この6基の風力発電設備を建てるのに約1200万ユーロ（約15億6000万円）が必要であった。そのうちの800万ユーロ（約10億4000万円）は地域の銀行から借り入れ、残りの400万ユーロ（約5億2000万円）は新聞に広告を載せるなどして地域の住民からの出資を募った。最終的には500人もの人々からお金を集めることができた。市民が出資した動機は、環境に良いという理由はもちろん、利息をもらうことができるということもあった。

● サッカーファンが出資してスタジアムの屋根にソーラーを設置

　ドイツ人のサッカー熱は大変なものであるが、フライブルク市にはSCフライブルクというプロのサッカーチームがある。

　1994年、SCフライブルクの本拠地のサッカースタジアムで南側の屋根

写真7·2 サッカースタジアム

写真7·3 サッカースタジアムの屋根の上の太陽光パネル

1000m²に100kWのソーラーパネルを設置し、200区画（1区画0.5kW）に分譲して出資者を募集した。サッカースタジアムとしてはドイツで初めてのことである。ドイツでの固定価格買取制度が始まる前で

表7·2 サッカースタジアムの太陽光発電施設の概要

発電能力	100 kW
年間発電量	275,000 kWh / 年
設立	1994年〜
太陽光パネル面積	2200m²

あったが、当時の市の電力会社が買取価格を高めに設定してくれたこともあり、出資者の負担は1m²あたり5000ユーロ（約65万円）ほどであった。

その後、市民や企業によって次々とスタジアムの屋根にソーラーパネルが取り付けられた。現在のソーラーモジュール面積は2200m²で、年間の総電力出量は27万5000kWhとなっている。それらの太陽光パネルの約6割が企業や投資家がオーナーであるが、残りの4割はサッカーチームを応援する市民が所有している。

● プロジェクトの進め方—エコシュトロームが諸手続きを代行

再生可能エネルギー設備、とくに風力や小型水力の設置手続きはいくつも審査があるため煩雑で、市民自らが行うことは難しい。そこでエコシュトロームがこれらの仕事を一手に引き受けるのである。

たとえば、ある土地の所有者が自分の土地に風力発電設備を建てられな

いか、エコシュトロームに相談に来たとする。エコシュトロームが調査を行い、その土地に設備を作ることが可能でかつ適切だと判断したら、ドイツ連邦政府から建設許可をもらう。そこから本格的にプロジェクトが始まる。

プロジェクトが始まると市との関係も密になる。プロジェクトの内容に関して市長や市議会議員、市の職員との話し合いが行われる。具体的な内容としては、どのように送電線を張り巡らせるのか、発電設備を作るためにどの程度木を伐採するのか、利益を出す見込みはあるのかなどである。そのように市との話し合いをしたうえで、設備が建てられる。

エコシュトロームはまた、市のエネルギー公社であるバーデノーヴァ（8章参照）と協同でプロジェクトを行う。バーデノーヴァ以外のエネルギー公社とも連携することもあるが、バーデノーヴァとは15基の風力発電を作った実績があり、200以上あるプロジェクトのうちの40％はバーデノーヴァとの協同プロジェクトである。

●市民との信頼関係が事業成立のカギ

エコシュトロームが描く市民との関係図を図7・2に示す。市民はエコシュトロームに出資し配当を受け取り、エコシュトロームは発電所の設置場所検討や市への設置申請などを代行し、利益の一部をもらう。

エコシュトローム会長のアンドレアス・マルコフスキーさんは言う。「重要なことは、このような企業が今後20年間再生可能エネルギーの運営に関してきちんとやっていけるのかという、出資した市民に対するアカウンタビリティ（説明責任）です。計算上では投資した額の6％は配当として出資者に支払うことができますが、再生可能エネルギー発電は不安定なので保証されているわけではありません。年に1度は出資者による総会を開き、設備に関しての話し合いを行っています」[注3]。重要なのは、市民と企業の信頼関係なのである。

一方フライブルク市とエコシュトロームとは設備の建設に関して、送電線をどう配置するかなど具体的な話し合いをする関係にある。

市は、1996年に太陽光・太陽熱利用を促進する「ソーラーシティコンセプト」を策定し、市内の電力消費量の10%を再生可能エネルギーとすることを決定していた。この目標達成の一翼を担うエコシュトロームとは、持ちつ持たれつの関係にあると言えよう。

　エコシュトロームをはじめフライブルクや周辺地域には、市民の手による再生可能エネルギー導入や省エネ促進を支援するエネルギーコンサルタントが数多くある。彼らの理念は「市民の手で」ということであり、市民参加のチャンスを作ることである。日本によく見られるが、大企業が地方にやってきてメガソーラーを建設するのとは異なり、利益が他地域に流れず地域内で循環する。まさに、エネルギーの地産地消になっていると言える。

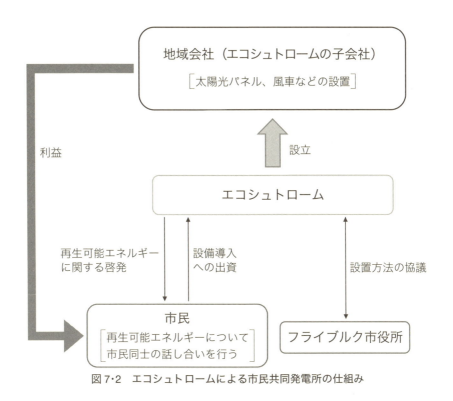

図7・2　エコシュトロームによる市民共同発電所の仕組み

7.2 生徒主体で太陽光発電事業会社を運営
―独仏ギムナジウム

●バイリンガル教育に力を注ぐ中高一貫校

　独仏ギムナジウム（Deutsch-Französische Gymnasium）は市立学校で、フランス語・ドイツ語のバイリンガル教育に力を注いでいる。フライブルク市内では大きな学校の一つであり、小学5年生から高校3年生に相当する約840名の生徒が在籍している[注4]。約90人の教師がおり、3分の1はフランス語の教師である。ほとんどのドイツ人生徒はフライブルク市内在住であり、またフランス人生徒の大半も市内在住であるが、一部のフランス人生徒はフランスのアルザス地方からスクールバスで通学しているという[注5]。

●ソーラー会社「スコレア」の設立

　2001年、まず始めに1kWの小型のソーラーパネルが市の事業をとおし

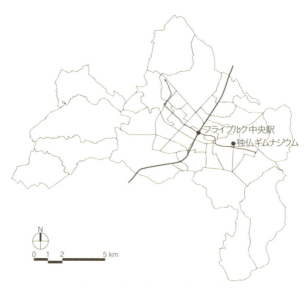

図7・3　独立ギムナジウムの位置

て校舎の屋上に設置された。2002年にはこれを運営するためと、再生可能エネルギーを促進することを目的にしてNPO法人「独仏ギムナジウム・ソーラー協会」が作られたが、このソーラーパネルは小さくてあまり教育効果がなかったため、設備を拡充しようという気運が出てきた。2008年、9年生（中学3年生）以上の生徒の有志が教師の支援を得て、太陽光発電事業等を行うスコレア（Scolaire、フランス語で「ソーラー」と「学校」との掛け言葉）というワーキンググループを設立した。30人ほどの生徒で構成されるスコレアは、ソーラーパネル設置の計画・実行、その後の管理を担うことになり、やがて生徒の会社と呼ばれるようになった。

そのスコレアの生徒が中心となり、2008年に33.18kW、2009年に11.2kWのソーラーパネルが校舎の屋上に設置された。その後授業の一環で設置されたものと合わせ、全部で約55kWのソーラーパネルの管理・運営を行っている。ソーラーパネルの法的な運営者は前述のソーラー協会であり、スコレアの顧問的な立場にある。

ソーラーパネル設置にあたっては、保護者や教師、その知人、卒業生な

写真7・4　独仏ギムナジウム校舎

どから出資を募った。出資者には3％の配当が約束されているが、残った利益の半分はさらに出資者へ与えられ、残りを学校に還元する。風車を手作りし、賞をもらったこともある。さらに2017年にはプラスチックごみに関する学習や湖でのごみ回収活動に発展している。

●楽しく刺激的な「会社」

　実質的に会社のように機能するスコレアの組織は、経理、技術、広報の三つのサブグループからなる。生徒と教師や技術者との共同作業というよりは、生徒たちが自立して自分たちの意思で運営している。校舎の屋根に設置したソーラーパネルは、電気技術者の助けを借りつつも、自らの手で組み立て、取り付けたものである。公の場で学校やスコレアのプロジェクトについて広報するのも生徒の役割で、筆者たちが訪問した際も生徒自身がプレゼンを行ってくれた。

　「社員」である生徒は、学校の卒業証書とともに、スコレアの卒業証書も

写真7・5　上から見たソーラーパネル （出典：スコレア注6）

受け取っている。この体験が、生徒のかけがえのない学びとなり、大きな達成感と喜びを感じているようである[注7]。

生徒がスコレアに入った動機やメリットについて、ホームページには以下のように記載されている。
・物事を整理し、何かのために働くことを楽しむことができるから
・再生可能エネルギーに関心があり、将来に役立つと思ったから
・経済に興味があり、会社は刺激的であったから
・ランチブレイクがあり、楽しい
・素敵で面白い人に会えるから
・重要な問題についてグループで話し合って意思決定できるから

スコレアの卒業生であり、ロンドンで政治経済学を学んでいるニコラス・フェイルさん（2015年当時）がサイトに寄せている文章を引用すると、「スコレアの成功の理由は、先生の会社ではなく生徒の会社で、生徒自身が物事を決めるところにある。自分で責任を持って、以前であれば躊躇していたことにもチャレンジするということを、スコレアの生徒は学ぶことができる。自分自身、環境保護を呼びかけるために別のクラスに行ったり、原稿なしに喋ったり、知らない人に話しかけるなんて昔であれば考えもできなかった。しかし、スコレアの仕組みについてイベントで政治家たちに説明した時、これはそんなに難しいことではないと気づいた」。

●下級生を巻き込む「スコリニ」

スコレアは生徒の組織であるゆえ、代替わりによって消滅するかもしれないというリスクがある。そこでスコレアの未来を保証するスコリニ（Scolini）というアイデアが生まれた[注6]。これは、5〜8年生のスコレアのメンバーが下級生にエネルギー・環境問題の知識を伝える仕組みで、「物理学の基礎」「エネルギーとは何か」「持続可能性とは何か」「ソーラーテクノロジー」などについての授業を行う。小テストを受けることで、スコリニになれる。

写真7・6 スコレアのメンバーと芝浦工業大学学生　2014年9月、独仏ギムナジウムの屋上にて

　スコリニとしての仕事は無駄なエネルギーのチェックである。教室の採光や窓の開閉など、エネルギーチェックリストでチェックし、不必要なエネルギー消費がないように見守る。

●エネルギーコンサルタントの支援

　これらの生徒の活動は、エネルギーコンサルタントが支援している。彼らは再生可能エネルギー設備導入の技術的な面だけでなく、資金調達や収益性に関するアドバイスも行っている。日本では、小規模な建築設計事務所や都市計画プランナーが住民主体のまちづくりの支援を行っているが、エネルギー系では市民目線のコンサルタントの数は多くない。生徒の主体性や活動の自由を保障する学校の姿勢はもちろん、これを支えるエネルギーコンサルタントの存在からも多く学べるところがあるだろう。

第 8 章
働きがいも 経済成長も

包摂的かつ持続可能な経済成長およびすべての人々の完全かつ生産的な雇用と働きがいのある人間らしい雇用（ディーセント・ワーク）を促進する

　フライブルク市はソーラーシステムに関する設計・開発の企業が立地しており、多くの雇用を生みだしている。

　一方ドイツでは、エネルギー供給事業を自治体が出資する第3セクターが担っているケースが多いが、フライブルク市においても第3セクターが環境面だけでなく経済・労働面でも貢献している。また市内の職業学校は、ものづくりの教育を企業と連携して行っている。このようなキャリア教育は、次世代の産業を担う働き手の育成に繋がっている。

　そこで本章では、技術者養成学校の一つ、リヒャルト・フェーレンバッハ職業学校と、エネルギー供給を行う公的企業であるバーデノーヴァを取り上げる。

8.1 企業との連携で行う職業教育
—リヒャルト・フェーレンバッハ職業学校

● 開校約 100 年の工業学校

　リヒャルト・フェーレンバッハ職業学校は、フライブルク中央駅から北へ歩いて5分ほどのところにある、日本でいう工業学校で、1920年に設立された。職業学校・専門学校・工業高校・マイスター学校を合わせて3000人を超える生徒たちが学んでいるという。生徒たちは主に電気工学、機械工学、制御技術などを学んでいる[注1]。1980年代からフラウンホーファー研究機構などの企業と連携して、再生可能エネルギー関連装置の開発や、エネルギー効率向上のための装置の製作や実験を行っている。

● 学校はまさに「エコパーク」

　敷地内に入ると、まさに「エコパーク」と言って良いような、環境に配

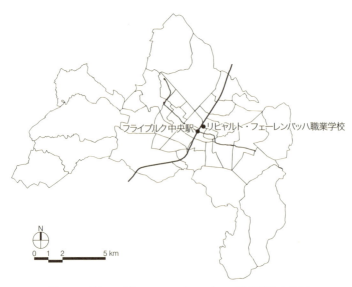

図8・1　リヒャルト・フェーレンバッハ職業学校の位置

慮した学校であることがひと目で分かるようなモニュメントが目に入る。校庭には、ソーラー照明や環境に関する情報パネルが設置されており、小型の風力発電装置、ソーラー充電ステーションなどもある。また、校舎と体育館には70kWのソーラーパネルが設置されているが、半分は再生可能エネルギー導入を推進する非営利団体フェーザ(fesa e.V.)の投資によるものである。

校庭内を流れる小川には、水車が設けられているが、これは2003年にドイツ連邦環境財団（Deutsche Bundesstiftung Umwelt）の9万2000ユーロ（約1100万円）の支援で設置された。これがプロジェクト・ベースド・ラーニ

写真8・1　リヒャルト・フェーレンバッハ職業学校校舎
右手に見えるのがソーラータワー

写真8・2　リヒャルト・フェーレンバッハ職業学校の校庭の水車

ング（PBL、問題解決型学習）の起点となった[注2]。

エントランス付近には1.5kWの太陽追尾型のソーラーパネルを設置した研究棟「ソーラータワー」がある。この棟は1993年に設置され、1998年にはドイツのソーラー賞を受けた。建物にはパッシブソーラーシステムが導入されており、太陽の熱をうまく建物内に取り込み、閉じ込めることによって、暖房のために必要な熱エネルギーを大幅に抑えている。棟の上にある太陽熱温水器は研究棟のほか、学校や体育館の温水需要の一部を賄っている。実験棟内には、小型の水素発電プラント、地中熱ヒートポンプをはじめ、さまざまな測定装置が設置され、専門の技術職員による授業で活用されているそうである。

● 装置の制作や実験を行う生徒たち

校舎の実験室内には、実験装置がところ狭しと配置されている。たとえば、エネルギー公社バーデノーヴァ（次節参照）の支援を受け、エネルギー効率向上のための実験装置が置かれている。天然ガス・コジェネレーション（電熱併給）装置や、燃料電池によるコジェネレーション装置がある。また木質チップや木質ペレットボイラー装置は、授業で生徒の手で制作されている。また発泡スチロール、瓦などを用いた断熱材の性能実験が行われ

写真8・3　実験室内の制作中の装置

写真8・4　授業で使用する木質チップと木質ペレット

ている。

　教育上の配慮としては、生徒の気づきや主体性を重視している。たとえば、機械装置の一部にわざと不具合を仕掛けておき、生徒たちに自らその不具合を発見させるといった工夫をしているのだそうだ。

●学校とクリーンなエネルギー産業との連携

　70年代に反原発運動で市全体が盛り上がりを見せると、フライブルク市はドイツ全土において「環境に熱心なまち」というイメージが定着し、企業の進出意欲が高まった。1978年にソーラーメッセが郊外で開催されたのと相まって、1980年代からソーラーシステムを設計・開発する企業が集積し始める。たとえば、フラウンホーファー研究機構太陽エネルギーシステム研究所（ISE、9章参照）、ソーラーパネル工場であるソーラーファブリック社がフライブルク市内に進出・設立された。リヒャルト・フェーレンバッハ職業学校のプロジェクト・ベースド・ラーニングは、これらの企業との連携があってこそ成立していると言って良い。

　日本の学校教育は公共性・公平性を重視するあまり、またカリキュラムの自由度が少ないことから、最先端の企業と連携して技術開発や技能訓練をする機会はまだまだ少ない。地域にある企業のノウハウを活用し教育を実践するこの学校の取り組みは、地場産業＝持続可能な産業への人材供給に有効な手段と言える。

8.2 クリーンエネルギーを販売し地域経済・雇用を下支え
―バーデノーヴァ

●環境保護がミッション―バーデノーヴァの戦略目標

　バーデノーヴァはフライブルク市に本社があり、バーデン＝ヴュルテンベルク州の南西部で自治体を対象にエネルギー・ガス・水道を提供する会社である。経営的には親会社と子会社に分かれており、親会社は「バーデノーヴァ（badenova AG & Co. KG）」であり、「㈲バーデノーヴァ・ヴァームプラス(badenovaWärme plus GmbH & Co.、再生可能な資源に基づく熱供給を行う）など七つの子会社からなる。

　エネルギー・環境運営委員会（EULA）が年に2～3回会議を開き、環境事業の進行状況の確認と、環境マネジメントシステムに対する内部監査結果の検討、短期および長期の戦略的目標と対策の策定を行っている。具体的には次の四つの戦略目標が決定されている。

① 2020年までに合計500tのCO_2を削減する。
② 熱供給を行う二つの子会社の熱供給システムの効率を着実に向上させる。
③ 2020年までに地域の再生可能エネルギー源による発電と熱生産を1万MWh増加させる。

写真8・5　バーデノーヴァ本社

写真8・6　ヴォーバン地区の地域暖房施設

④行動と訓練を通じて従業員に環境と気候保護を認識させる。

このように、単にエネルギー供給やインフラ整備を行っているのではなく環境保護に貢献することがミッション（使命）となっている。

● **供給電力の8割近くが再生可能エネルギー**

2016年現在のバーデノーヴァの供給する電力の電源構成を図8・2に示した。外からの購入分も含めてなんと78.1％が再生可能エネルギーであり、ドイツ全土の32.0％をはるかに上回っている。その再生可能エネルギーの内訳を図8・3に示す。再生可能エネルギー発電施設は、市民出資のものも含め、314ヶ所で、年間発電量は15万MWh以上に及ぶ。施設数で見ると、

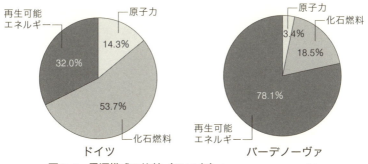

図8・2　電源構成の比較（2016年）(出典：バーデノーヴァ注3)

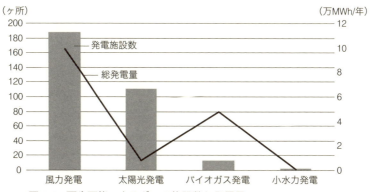

図8・3　再生可能エネルギーの施設数と発電量 (出典：図8・2と同じ注4)

全体の60％が風力で、35％が太陽光発電である。発電量で見ると太陽光は5％にすぎず、6割が風力、3割をバイオガスが占めている。

　このように再生可能エネルギーの割合が高いのは、バーデノーヴァが四つのパターンで再生可能エネルギー事業を手がけているからである。すなわち、グリーン電力（地域電力：レギオシュトローム）、市民共同発電所、イノベーションファンド、独自設備（エネルギー効率の高いコジェネレーションも含む）である。以下、これらについて順次紹介する。

●グリーン電力と市民共同発電所

　一つめはグリーン電力制度で、1998年に制度化した。これは、顧客が電気料金に1kWhあたり1セント上乗せして払うことができる仕組みである。ガス・電気の供給を受けている顧客は32万人いるが、そのうち1万人がグリーン電力を選んでいる。集めた資金を元手として、太陽光、小水力、バイオマス発電などに出資している（風力には出資していない）。出資の適格性について、エコ研究所に審査してもらっている。水力は3年間資金援助することができ、これまで38の水力発電所が支援を受けた。

　二つめは市民共同発電所への参加である。市民は太陽光発電、風力発電、太陽光＋風力発電の三つから参加したいものを選べる。全体の資金のうち20％を市民が出資しており、2000〜2500ユーロ（約25〜30万円）の出資で参加できるエコシュトローム（7章参照）が主体の市民風力発電所が9割近くを占めている。

●イノベーションファンド—最先端のプロジェクトを支援する

　三つめはイノベーションファンドである。イノベーションファンドとは、技術革新を行うプロジェクトへ資金を拠出するための仕組みである。言い換えれば、小さな優れたアイデアを持った人を応援する仕組みで、単年度の補助として5000万ユーロ（約60億円）の利益のうち3％（約2000万円）をイノベーションファンドに出資する。プロジェクトにかかる経費の半分

までを補助している、これまで87の研究プロジェクトに出資した。

出資したプロジェクトの例を挙げると、たとえば、フライブルク市にある乳製品工場に導入されたコジェネレーション（熱電併給システム）がある。これは通常のコジェネとは異なり、生産する熱の温度を必要な温度に調整することができるといった最先端技術を取り入れたものである[注5]。

●コジェネレーションによる地域熱供給

フライブルク市廃棄物管理・清掃公社（12章参照）のごみ埋め立て地から発生するメタンガスを回収してコジェネレーション設備で発電と熱供給を実施している。また埋め立て土の上に太陽光発電パネルを乗せている。

また図8・4に示すように、大型コジェネレーションを25基導入しており、1年間で総計約22万MWhの熱と約9万MWhの電気を供給している。さらに図8・5に示すよう、木質を燃料とした熱供給施設が8施設あり、合計

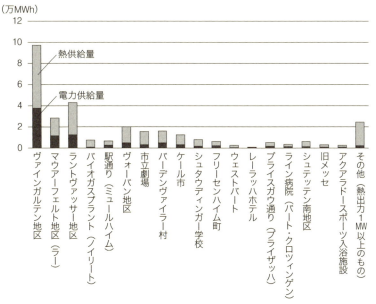

図8・4　コジェネレーション設備の電力・熱供給量　（　）は所在地を表す
（出典：バーデノーヴァ[注6]）

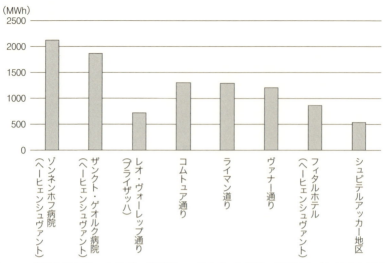

図8・5　木質由来の熱エネルギー供給量　フライブルク市外の施設は（ ）に地名を示す
(出典：バーデノーヴァ注7)

で約1万 MWh の熱を生産している。

● **雇用・労働面でも貢献**──地域の持続可能性に寄与する企業体へ

　バーデノーヴァは公的な性格が強い企業であるため、再生可能エネルギーの導入をはじめとする環境への配慮は徹底している。また長期失業者を雇用して省エネ診断員にするなど、SDGs の8番目の目標である雇用・労働面で貢献している。また、収益を同じ第3セクターである VAG（交通公社、11章参照）の赤字の補填に使うことができるようになっているなど、フライブルク市の地域経済を下支えしているということができる。

　日本の自治体も電力小売り自由化によってようやくエネルギー供給主体になるところが出てきているが、供給量のほとんどをクリーンな電力で賄っているところはまだ少ない。しかも環境面だけでなく経済・雇用面で貢献しているバーデノーヴァは、複数課題の同時解決という SDGs の考え方に沿ったトップランナーと言える。

第9章
産業と技術革新の基盤をつくろう

強靭(レジリエント)なインフラ構築、包摂的かつ持続可能な産業化の促進およびイノベーションの推進を図る

　前章で述べたように、フライブルク市は、ソーラーシステムに関する設計・開発の企業が多く立地しているが、これらの企業は最先端の研究開発を行っており、イノベーションを起こしている。
　そこで本章ではその中核的な存在である、フラウンホーファー研究機構太陽エネルギーシステム研究所について紹介する。

9.1 最先端の太陽エネルギーシステムを開発
―フラウンホーファー研究機構・ISE

●ドイツ全土で約2万5000人が働く応用研究機関

　フラウンホーファー研究機構はミュンヘンに本部を構え、2万5000人を超えるスタッフを抱え、あらゆる科学技術分野において応用研究を行っているヨーロッパ最大の民間研究機関である。現在・将来の科学技術の進歩および経済成長に重要な役割を果たすドイツ国内の都市に80を超す研究所・研究施設を有し、そこで行われている「社会に役立つ実用化のための研究」は、各都市が先端技術を導入するための渡し役を担っている。日本でもフラウンホーファー日本代表部が窓口として、日系企業のニーズに応えるべく多彩なサービスを提供している。

　フライブルク市にも複数の施設があり、LRT（路面電車）4番の終点であるメッセ近くには、物理計測技術研究所（IPM）と太陽エネルギーシステム研究所（以下、ISE）の二つの研究施設がある。

●技術の幅広い応用に取り組む―太陽エネルギーシステム研究所

　このうちISEは1200人を超える従業員を擁する、ヨーロッパ最大の太陽光研究所である。図9・1にISEのテーマ別研究プロジェクトの延べ数を年度別に示した。これまでに41にも及ぶ研究プロジェクトを実施している。太陽エネルギーをはじめとしてエネルギー変換、エネルギー効率、エネルギー配分およびエネルギー貯蔵や、太陽熱技術の幅広い応用に取り組んでおり、太陽エネルギーの研究所としてはヨーロッパ最大規模を誇る。集熱や蓄熱などの太陽熱技術、材料研究と光学、熱システム工学、工業用水処理などを専門とする4人の博士を中心に研究開発を行っている。

　ホームページによれば、ISEは太陽放射をより良く伝達、反射、吸収、方向転換または集中させるための光学および表面技術に関心を持ち、太陽

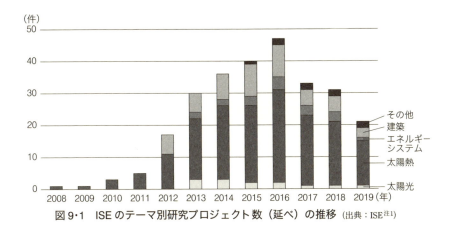

図9・1　ISEのテーマ別研究プロジェクト数（延べ）の推移　(出典：ISE[注1])

熱温水器の家庭用給湯および暖房システムなどへの利用について研究している。また太陽熱温水器は設置スペースが太陽光発電と競合するため、太陽光発電と組み合わせた温水器の開発を進めている。また、工業プラントのエネルギー効率アップのため、たとえば蒸気やその他の熱伝達媒体による熱供給の改善、高温熱の貯蔵装置、革新的な熱伝達を利用した生産プロセスの効率化などに取り組んでいる。

　2016年にはボーデン湖の近くでオーガニック農家の協力のもと、発電しながら農業も平行してできるドイツ初の高架ソーラーパネル「アグリソーラー」を設置。農作物の収穫量を大きく減らすことなく、いかに効率的に発電できるか試験中だ。

●コンサルティング会社が派生

　また、フラウンホーファー研究機構から独立した技術者などがエネルギーに関するコンサルティング会社や、エネルギー問題などに取り組む市民団体を設立している。たとえば、エコンツェプト（Econzept Energieplanung GmbH：エネルギープランや省エネ・エネルギー高効率化に関する事業を行う会社）、フェーザ（Fesa：再生可能エネルギーに関する情報提供、啓蒙、市民共同出資のソーラーパネルなども手掛ける非営利団体で、これとは別に再エネ事業を行う有限会

写真9・1　集熱器およびコンポーネント（出典：フラウンホーファーISE[注2]）

写真9・2　集光器（出典：写真9・1と同じ）

写真9・3　太陽熱ファサード

社もある）、エコ研究所（Öko-Institut：省エネや再生可能エネルギーをはじめ持続可能な社会システムに関する調査研究を行う）などである。

　これらの組織はフライブルク市に働きかけて省エネ改修や再生可能エネルギー導入の支援事業を提案したり、企業や市民に働きかけて省エネ設備や再生可能エネルギー導入を支援している。ヴォーバン地区の建築グループによるコーポラティブ住宅の建設（11章参照）、環境に配慮したホテル・ヴィクトリア（写真9・4）の改修工事、シュタウディンガー総合学校の環境教育（4章参照）など、本書で紹介しているエネルギー関連の取り組みには、こういったエネルギーコンサルタントがほとんど関わっている。

　日本にはエネルギー系のローカルベンチャー企業がまだまだ少ない。比

写真9・4　ホテル・ヴィクトリア

較的多いのは地場産品開発系のローカルベンチャーや地域振興を担う中小のコンサルティング会社およびNPOであるが、無償での活動が多く経営的に苦しいのが現状である。ドイツではコンサルティングやアドボカシー（意見・主張の代弁）活動に対して正当な対価を支払うという価値観があり、高度な知識と経験を有する人材が市民セクターに集まりやすい。このことがイノベーションの果実や最先端の技術・アイデアを市民や一般企業へと波及させる原動力になっていると言える。

第10章
人や国の不平等を なくそう

各国内および各国間の不平等を是正する

　先進国と発展途上国と格差は経済面にとどまらず、人権や民主主義の格差も大きい。先進国の経済が途上国からの資源搾取や過酷な労働によって支えられている。このような国家間の不平等は市民とは縁遠い問題として認識されがちであるが、持続可能性に配慮された途上国の生産物を適正な価格で輸入し、経済的自立や民主化を間接的に支援することは可能である。ドイツではこういった公正な貿易、すなわち「フェアトレード」運動が拡大している。

　フライブルク市もフェアトレードを推進する「フェアトレードタウン」として認定されるなど市民が活発に活動している。そこで本章では、その運動の中核を担う「ヴェルトラーデン・ゲルバーアウ」について取り上げる。

10.1 グローバルな貿易による不平等の解消を目指す
—ヴェルトラーデン・ゲルバーアウ

●「貧しい国」の製品をフェアな価格で販売

　フェアトレードの製品を扱うヴェルトラーデン・ゲルバーアウ（Weltladen Gerberau、前者はワールドショップの意味）は、観光客や買い物客でにぎわうフライブルク市の旧市街にある。ここはアジア、アフリカ、南アメリカの「貧しい国」の生産者が作った製品をフェアな価格で買い取って販売し、彼らの経済的自立を支援するお店だ。有限会社の形で経営されているが、実質的な運営を担うのは、80〜100人ほどの会員を抱えるNPO法人・南北フォーラム（Süd-Nord-Forum e.V.）である。

●なぜフェアトレード商品が重要か

　グローバリゼーションが進んだ結果、発展途上国において労働者の人権や安全性を無視した形で生産された商品が、いわゆる先進国で低価格で売られていることが大きな問題となっている。途上国で作られ先進国で売られる製品の多くは、劣悪で時には違法な状況下で労働者が働くことによって、価格が安く抑えられていたり、大手企業などが流通で多大なマージンをとって、現地の労働者にはほとんど賃金が払われていない。20〜30年前と比べ服などはかなり安く手に入るようになったが、その服を裁縫した人が、すし詰め状態の工場で1日十何時間もの長期労働を強いられている可能性もあるし、先進国向けの農作物を作っている農園では、現地の人が農薬などによる健康被害に苦しんでいる場合もある。また金属、レアメタルや宝石などの鉱物を採掘する現場では、労働災害や環境汚染による住民の被害、自然破壊なども深刻である。

　たとえばコーヒーはドイツで非常に好まれているが、スーパーマーケットで消費者が払う金額のうち5％ほどしか、コーヒー豆農園で働く労働者

には払われないという注1。残りの大半を占めるのは、貿易会社や運送会社、主にドイツ国内で行われる焙煎に関わる会社、そしてドイツ政府が徴収するコーヒー税などである。コーヒーの栽培および加工は非常に労力のかかる作業であり、農園の労働者は長時間労働や農薬の健康被害などに悩まされる一方で、生活していくうえで十分な賃金ももらえないのが現状である。彼らは十分な教育を受けていないことも多く、不利な契約を結ばされるケースも多い。

　自分たちの身の回りの製品は、遠い所に住んでいる誰かの犠牲の上に作られるべきではない、そういう倫理観から、搾取のない、対等・フェアな

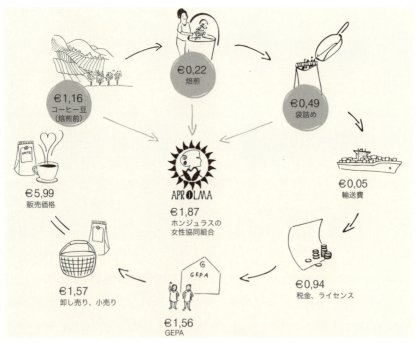

図10・1　フェアトレード・コーヒーの価格内訳例（2018年5月時点）（出典：GEPA注2）
フェアトレード専門の貿易会社GEPAが支援するプロジェクトでは、コーヒー豆の焙煎をドイツではなく生産国で行うことによって、より多くの収入が現地にもたらされる。産地に残る金額は通常のコーヒーの3倍にもなるという。生産・焙煎・袋詰めを手がけるのはホンジュラスの女性による協同組合で、女性の自立や男女の平等が同時に促進される

取り引きに基づいた商品への需要があり、それを満たすのがヴェルトラーデンである。近年、ドイツでは普通のスーパーなどでもかなりフェアトレードの認証がついた商品が並ぶようになったが、ヴェルトラーデンで販売される製品はすべて公正な貿易に基づくものである。

●ドイツで成長するフェアトレード市場

フェアトレードというのは日本では残念ながらまだ大きなテーマになっていないが、ドイツの消費者の関心は高く、ドイツ全体で 800 軒以上のヴェルトラーデンがある。フライブルク市のような 20 万人規模の町でも、ドイツ・ヴェルトラーデン連盟に加盟する店が 2 軒、類似のお店がほかに 2 軒ある。フライブルク市も自治体としてフェアトレードを推進する「フェアトレードタウン」として 2014 年に認定されたほか、独自の取り組みをする「フェアトレードスクール」が 2 校あり、大学 1 校が応募中である（2019 年 2 月現在）注3。なおドイツには全国で 580 のフェアトレードタウンがあるが、日本で認定されているのは 2017 年時点で四つの自治体のみである。

図 10・2 に示すのは、ドイツ・ヴェルトラーデン連盟に加盟する団体のうち 275 の団体（店舗）の売り上げの推移で、2011 年から 2016 年までの間に 360 万ユーロ（約 4 億 5000 万円）伸びていることが分かる。

図 10・3 に示すのは、2018 年に行われた無作為の消費者意識調査で、どれ

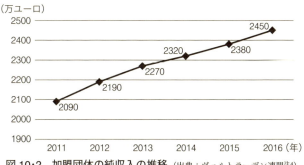

図 10・2　加盟団体の純収入の推移　（出典：ヴェルトラーデン連盟注4）

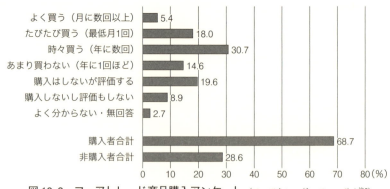

図10·3 フェアトレード商品購入アンケート (フェアトレード・フォーラム[注5])

だけの頻度でフェアトレードの商品を購入するか聞いたものである。購入頻度は、「月に数回以上」というものから「年に1回程度」とバラバラであるものの、「購入する」と回答した人は全体（約2000人）の69％にあたり、2009年の調査時の44％から25％増加した。「最低でも月に1回以上は購入する」という人の割合は2009年時に9％だけであったのが、18年には23％となっている。

● お店はしだいに拡大

　ヴェルトラーデン・ゲルバーアウで販売されているものはコーヒーをはじめ、バナナやマンゴーのような果物、チョコレート（児童労働が大きな問題になっている）、香辛料といった食料品のほか、衣服、カバン・財布、食器、カゴ、楽器、ポストカード、アクセサリー、インテリア、おもちゃなどの手工芸品やCD、そしてフェアトレードや南北格差問題についての書籍など多種にわたる。クリスマスやイースターなど、季節のイベントに合わせた装飾品も売っている。値段はやや高く感じるものもあるが、食料品の大半は有機栽培のもの。また工芸品は丁寧に手作りされていて品質が良い。

　店を運営する南北フォーラムは1960年代の終わりから活動を始め、1976年にNPO法人となった。この年には南米のグアテマラで大地震が起こり、復興のための寄付金集めからスタートした。最初のお店も現在とは

写真 10・1 ヴェルトラーデン・ゲルバーアウ店内の様子

別の場所に開かれた。当初は「第三世界」の製品の販売は主な目的ではなく、市民に情報提供し、議論し、「豊かな生活」に疑問符をつけ、世界の問題を啓発することが主要な目的であった。この目的は現在も引き継がれていて、小学校の子どもたちにお店で授業を行ったり、市民向けのイベントを開催したりする情報発信も盛んだが、開店当初の予想とは異なり、フェアトレード商品への需要は急速に高まっていった。ドイツでは全国的に60年代から公正な貿易に関する社会運動が起こり、70年代にはフェアトレード商品専門の輸入業者が誕生していったことも関連する。

2005年、それまでのお店では手狭になったため、ゲルバーアウ（現店舗がある通りの名前）に引っ越した。それまでボランティアだけで運営していたお店も職員を雇うようになり、NPO法人格のままでは不都合があったため、2013年に有限責任会社「ヴェルトラーデン・ゲルバーアウ」を設立。この会社が店舗の経営母体となっている。

店の売り上げも堅調に伸びている。旧市街の一等地にあることから、市民だけでなく観光客による購入も多い。2017年9月にはボランティアの人たちの奔走により、黒い森の中にある人口約2500人のヒンターツァーテン村に支店がオープンした。ここでもスイスなどからの観光客がもたらす売り上げが期待されている。

● **平等な世界のために働く**

ヴェルトラーデン・ゲルバーアウで行われることは商品の販売だけではない。講演、本の紹介、スライドショー、小さなコンサートなどもお店を利用して開催される。また情報発信ばかりではなく、発展途上国での直接的な経済支援も行う。寄付で集めたお金やお店の売り上げで、ウガンダで困難な状況にある農村での健康・衛生環境の改善や、ブラジルなどの熱帯雨林を守る活動、ネパールの地震後の再建などを応援している。どのプロジェクトを支援するかは南北フォーラムの会員総会で決定される。

フライブルク市内の他の団体との協働も盛んで、アイネ・ヴェルト・フ

ォーラム（17章参照）や、一般的な消費活動がもたらす問題について啓発するNPO「カウフラウシュ（KauFRausch e.V.）」などと一緒にさまざまな催しを行っている。フライブルク市がフェアトレードタウンとなった背景にも、この称号を獲得することで市に対してさまざまな働きかけができるのではないかと期待したこれら団体のスタッフの働きがある。2018年にはアイネ・ヴェルト・フォーラムと一緒にニカラグアのコーヒー生産者を招待し、大きなイベントを開催した。

お店に足を運ぶたびにさまざまな人間が働いていることに気づくが、有給のスタッフ5名（経営責任者を含め全員ワークシェアリングを利用）のほかに、40人から50人のボランティアがこのお店を支えている。学生やシニア世代の人が多いが、彼らの表情はいつも生き生きとしていて、お店の雰囲気も明るい。南国の雰囲気をかもしだすカラフルな商品が多いことも関係しているのかもしれないが、社会的に意義のある活動が喜びをもたらしているという理由もあるだろう。

共同経営者のヘンリケ・ベーレントさんは「公平な社会を実現させるためには個人一人一人が行動を通じて貢献することが必要」と話す。「1年間に何十着もの安くて倫理的でない服を買ったりする必要はなく、フェアトレードの品質のよい服を数着買うだけで本来はいいはず」「自分が欲しいものは他人も望んでいる、という考えに立った場合、何もかもを得ようとすることはできない。ある程度何かを諦めることは必然になる」。ドイツでフェアトレード商品の売り上げが伸びているのは、そういう考えを持つ消費者が増えているからであろう。日本もここ数年でフェアトレードは着実に浸透してきた。今後の発展に期待したい。

第 11 章
住み続けられる まちづくりを

包摂的で安全かつ強靭（レジリエント）で持続可能な都市および人間居住を実現する

　ドイツの都市は日本と同様、少子高齢化や人口減少が進んでいる都市も多いが、フライブルク市はその中にあって、いまだに開発圧力が強く、住宅が不足気味で家賃が高い。しかしグリーンシティという都市づくりの明確なビジョンに基づき、持続可能なまちづくりが行われている。ここではフライブルク都市圏の持続可能な交通システムを支えるVAG（交通公社）と、環境に配慮して作られた住宅地ヴォーバン地区について取り上げる。またヴォーバン地区において、計画段階からの協働作業で共助のコミュニティと環境配慮型住宅を実現した建築グループを取り上げる。

11.1 車の少ないまちづくりの中核を担う
—フライブルク市交通公社（VAG）

●交通公社はフライブルク市の第3セクター

　フライブルク市交通公社（VAG：Freiburger Verkehrs AG）はフライブルク市の公共交通を引き受けている公社（シュタットベルケ）であり、フライブルク市が99.87％出資している、日本でいう第3セクターである。図11・1のようにフライブルク市の公社は、交通公社をはじめとする五つの子会社からなるホールディング会社（持ち株会社）である。

　交通公社はLRT（路面電車）やバス路線を保有し、これまで都市の発展とともに路線を延伸・充実してきた。LRT（路面電車）路線延長は43.9km、平均停留所間距離453m、車両数は72両であり、バス路線延長は165.6km、平均停留所間距離634m、車両数65台、その他ロープウェイ3.6kmが走行している。2017年の延べ乗客数は8050万人となっている。

図11・1　フライブルク市の公社の種類と出資割合（2019年時点）（出典：フライブルク都市公社注1）

第11章　住み続けられるまちづくりを　｜　117

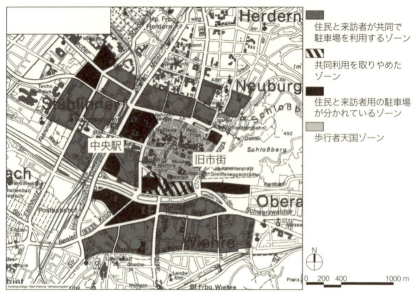

図 11・2　駐車制限区域の範囲 (出典：フライブルク市注2)

●車なしで中心部へ行けるまちづくり

　フライブルク市に LRT（路面電車）が通ったのは古く、1901 年に馬車鉄道を電車に置き換えたのが始まりである。第 2 次世界大戦の空襲で中心部は 80％破壊された。戦後、「フライブルク市都市開発コンセプト（hochromanischer Baukunst）」を策定したが、日本の戦災復興のように道路を広げ格子状の街区にするのではなく、市内中心部を中世の街区構成で再建することを議会は決定した。1950 年には LRT が全線復旧している。

　しかし車の普及が進み、狭い中心地の通りに車があふれ、生活の質が低下した。そこで 1973 年に、中心部への車の乗り入れを制限し、LRT と歩行者のみの通行を認めるようにしたのである。

●乗り放題チケットの導入で利用者が拡大

　乗客数は 1 日あたり 3 万人前後で横ばいであったが、経営的には赤字が増加し続けていたという。そこで交通公社はドイツで初の「環境カルテ (環

境定期券)」を 1984 年 10 月に導入した。これは市内であれば 1 ヶ月間、区間に関係なく全線乗り放題のチケットである。同時に分かりにくかった運賃制度も見直され、最大 30% 引き下げられた。さらに 1991 年 9 月には「環境カルテ」は「レギオカルテ (地域定期券)」に置き換えられた。これによりフライブルク市内のバスと LRT でのみ有効なものから、フライブルクに隣接する 2 郡を含む広域圏に範囲が広げられ、近郊から電車を使っての通勤・通学の利便性・経済性が格段に向上した。

このレギオカルテ 1 枚で 1 ヶ月間、南北約 50km、東西約 60km の範囲で電車・LRT・バスすべてが乗り放題で、乗り換えにいちいち切符を購入する必要もない。基本的に無記名でよく、自分が使わない場合には人に貸すこともできるうえ、日曜・祝日にはカルテ 1 枚につき別の大人 1 名と子ども 4 名までを同乗させることができる。価格は 2018 年末時点で 1 月 60 ユーロ (約 7500 円) で、1 年分をまとめて買ったり、定期購入したり

写真 11・1 レギオカルテ

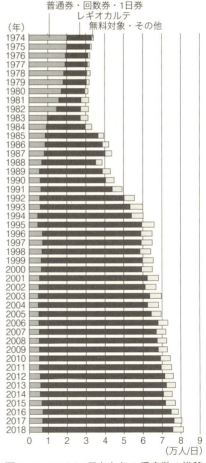

図 11・3 VAG の 1 日あたりの乗客数の推移
(出典:フライブルク市注3)

第 11 章 住み続けられるまちづくりを ｜ 119

することで割引もある。また生活保護を受けている人などは市からの補助で34ユーロ（約4000円）で購入できる。

これにより公共交通の利用者が飛躍的に増大し、図11・3に示すように乗客数は倍増し1日あたり約6万人になった。約3万人の住民が車から公共交通に乗り換えた計算になる。

● 乗り換え利便性の向上

LRT拡充は2000年代になっても続き、ニュータウンであるリーゼルフェルトやヴォーバンへの延伸が行われた。さらに2014年には中心部の大規模改修工事が行われ、2015年には4番線のメッセへの延伸、2019年には中心部を南北に縦断する形で5番線の路線が新たに作られた。運行頻度は平日で7.5～10分おき、休日で15分おきである。

中心部の結節点ベアトルズブルネンでは休日や夜間は4方向の乗り換えが便利なように同時刻に列車がやってくるようにダイヤを組んでいる。ま

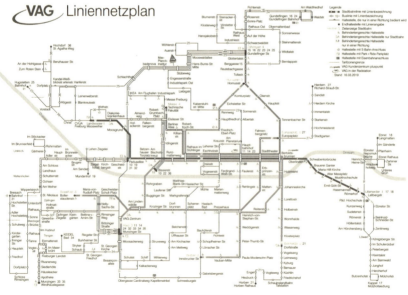

図11・4　LRTとバスの路線図　（出典：VAG注4）

写真11・2　中心部の結節点ベアトルズブルネン

写真11・3　フライブルク中央駅におけるドイツ鉄道とLRTとの乗り換え

写真11・4　LRTとバスとの結節点である停留所（LRT1番線の終点リッテンバイラー）

第11章　住み続けられるまちづくりを ｜ 121

た、9割の停留所でバリアフリー整備済であり、車両も車いすやベビーカーの乗車が容易な低床車両が多く導入されている。また幹線道路との交差地点では、信号がLRT優先で切り替わるようになっている。

さらに、中央駅ではドイツ鉄道との立体交差にして鉄道のホームから直接LRTのホームに行けるようになっていたり、郊外の結節点ではLRTのホームにバスが横付けされるようになっており、乗り換えが便利である。

● パークアンドライドやカーシェアリングの導入

パークアンドライドとカーシェアリングの導入によって、利用者に有利になるやり方で自家用車による交通を抑えている。

まず市内12ヶ所にパークアンドライドの無料駐車場を用意し、郊外から車で来てLRTやバスに乗り換えて中心部に行けるようになっている。フライブルク市は中心地に近づけば近づくほど駐車料金が高くなるので、

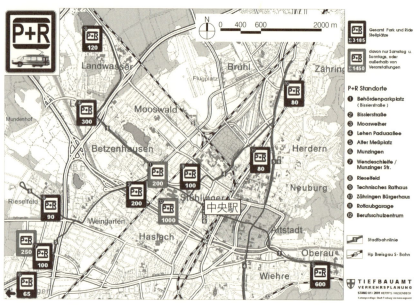

図11・5　パークアンドライドの位置 (出典：フライブルク市注5)

写真11・5　パドゥアアレー停留所最寄りのパークアンドライド

とくに長時間駐車する必要がある場合には、路面電車を使ったほうがお得になるうえ、中心部で空いている駐車場を探すストレスもない。これにより中心部から車を減らし、交通混雑も緩和される。

また市はシュタットモビールやグリューネフラットなどのカーシェアリング会社に駐車場を低価で

写真11・6　カーシェアリングの車両

提供しており、中央駅や主要な地区にカープールが設置されている。このため、カーシェアリングの会員は、自家用車を保有するよりも安く車を利用できるようになるが、同時に自家用車ほど頻繁には車を使わなくなるので、結果的に車の交通量が抑えられる。

● **自転車専用道路や専用レーンの整備**

　フライブルク市内を歩いていると、自転車に乗って移動している人を多く見かける。400kmに及ぶ自転車専用道路またはレーンが整備されているためである（図11・6）。また中央駅わきには1000台収容の駐輪場があり、ドイツ鉄道をまたぐ自転車・歩行者専用橋もある。

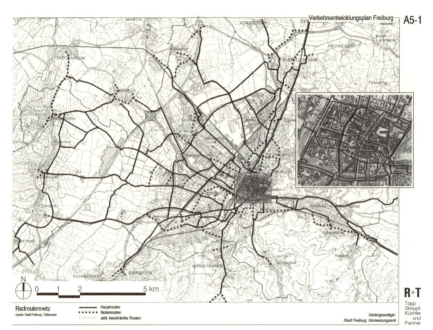

図11・6　自転車道のネットワーク（出典：図11・5と同じ）

写真11・7　中央駅わきの駐輪場

写真11・8 ドイツ鉄道をまたぐ自転車・歩行者専用橋

●交通計画とリンクした都市計画

　このような車に依存しないまちづくりは交通公社だけでできるものではない。フライブルク市がFプラン（土地利用計画）やBプラン（地区計画）で郊外の土地利用用途や建物の建築を制限しているからである。市内中心部以外の郊外地区では、地区の中心にだけ日用品のショッピングセンターが立地しており、それ以外の地区では家具や家電などの大型商品の店が限定的に許可されているのみである。建物自体がやたらに建てられないので、市街地のスプロールもない。新規市街地を開発する時は、公共交通の導入をセットで行い、雇用の場を新たに作って家庭と職場の距離を最小化し、市民の移動の権利を保障している。また、公共交通の整備にはお金がかかり、運賃収入のみでは赤字であるが、フライブルク市はエネルギー・水道・ガス公社であるバーデノーヴァ（8章参照）の収益を交通公社など他の公社に投入している。逆に交通公社のLRTは大量の電気を使うため、バーデノーヴァの大口需要者である。もしホールディング全体で赤字になれば、市が補填する。つまり3者は、持ちつ持たれつの関係なのである。

　このような政策の結果、ドイツの主要都市の交通分担率を比較すると、フライブルク市の車の分担率（利用率）は30％と、ドイツでもっとも少なくなっている（図11・7）。

　交通公社の広報官であるアンドレアス・ヒルデブラントさんは言う[注6]。「LRTは、都市開発の中核として計画されなくてはなりません。生活して

第11章　住み続けられるまちづくりを　｜　125

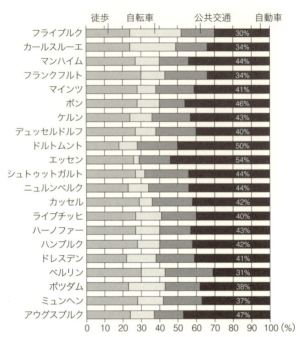

図11・7 ドイツの主要都市の交通分担率（2008年）(出典：連邦交通・デジタルインフラ省注7)

いる人、働いている人、余暇を過ごす住民のために計画されなければならないのです」。行政と第3セクター、それに市民が一体となった取り組みにより、住みやすく、利便性が高く、しかも環境負荷の少ない町が実現していると言えよう。

11.2 住みやすさ抜群、車に依存しない街
―ヴォーバン地区

●若年層の多い街

ヴォーバン地区はフライブルク市の中心から 3km 南下したところにある新興住宅地であり、フライブルク市が開発し分譲した。人口は 2018 年

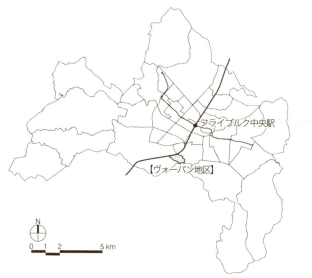

図 11・8　ヴォーバン地区の位置

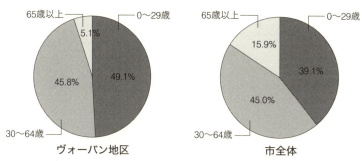

図 11・9　ヴォーバン地区と市全体との人口構成の比較 (出典：フライブルク市注8)

第 11 章　住み続けられるまちづくりを　｜　127

1月現在5842人であり、図11・9に示すように、30歳未満の人口割合が49.1％と市全体の39.1％を大きく上回っており、市内41地区のうち第1位である。逆に65歳以上の人口割合は5.1％と、市内でもっとも小さくなっている。

●市民主導で進んだヴォーバン地区の開発

ヴォーバン地区は以前は牧草地であったが、1930年代に軍隊の駐留地になった。1945年の終戦とともにフランス軍に管理が委ねられ「兵営地ヴォーバン」となった。1989年ベルリンの壁崩壊と冷戦の終結で、ソ連に対する防衛が必要なくなったためフランス軍が撤退し、1992年7月に返還され、市がニュータウンとして開発することになった。

市は当初リーゼルフェルト地区の開発に手がいっぱいだったため、ヴォーバン地区は通常の方法で開発するする予定だった。しかし、住民たちは車に依存しない住宅地を目指し、専門家を集め、1995年に80人以上が参加して「フォーラム・ヴォーバン（Forum Vauban e.V.）」を結成した。交通、エネルギー、建設方式などをいくつかのグループに分かれて議論し、①車が非常に少ない地区、②コンパクトシティ、③エコロジカルな熱供給、④社会的な混住、⑤用地売却にあたってのコーポラティブ住宅と共同居住の優先という五つのビジョンをまとめ、市に提示した。

●「カーポートフリー区画」と「カーリデュース区画」

このビジョンに沿って、図11・10のように住宅地の居住区内に駐車場を作ることが禁止されている「カーポートフリー区画」（駐車場のない地区）が作られた。居住者の駐車場は住宅に近接して作られることが多いが、この地区内の居住者は二つの立体駐車場に車を置き、自宅から徒歩か自転車で駐車場まで移動しなくてはならない。それ以外のゾーンは、車が住宅地に進入しにくい構造や規則、取り組みにより、日常生活で車との接触をできるかぎり減らすように意図した「カーリデュース区画」（車を減少させる地区）

図11・10　ヴォーバン地区のカーポートフリーの範囲 （フライブルク市[注9]）

凡例:
- 立体駐車場
- LRT停留所
- 駐車場のない地区
- 駐車場を作れる地区
- 商業用に駐車場を作れる区画

とした。

同時に、住宅地の車道を一方通行に制限する、極端な速度制限をする、袋小路の道路を設けるなどして、車の利便性を下げ、自家用車の利用頻度と交通量を低下させた。たとえばメインストリートであるヴォーバン通りは1車線で制限速度が30kmのうえ、通り抜けができない構造になっていて、住宅地内に用のない車は進入してこないように作られている。

● LRTや自転車の利用を便利に

一方で公共交通機関の利便性を高める必要がある。そこで2006年に地区のヴォーバン通りにLRTを通し（写真11・9）、三つの停留所を設置した。LRTに乗ればフライブルク市の中心部と中央駅まで乗り換えなしで移動

写真11・9　地区の中央を通るLRT　雨水の地下への浸透や騒音防止などに配慮し芝生になっている

写真11・10　歩行者・自転車専用の道路

することができる（所要時間はそれぞれ約13分と約16分）。また8ヶ所にカーシェアリングのプールを設置し、16台の車を設置した。車の持たない世帯の59％がカーシェアリングを利用し、所有している世帯でも11％が利用している。なおフライブルク市はヴォーバン地区をカーシェアリングの特別推進地域に指定していて、2016年6月の時点でカーシェアリング・カーの台数は37台まで拡大されている。

　それだけではない。現地を歩いていると自転車に乗っている人を多く見かけるが、これは宅地内に徒歩や自転車専用の道路が細かく配置されているからである（写真11・10）。

　これらの結果、自転車を利用して市内に行く時間と、離れた駐車場まで歩き、自家用車を利用して市内に行き、さらにその先で駐車場を探す時間を比べると、自然と自転車を利用するようになる。LRTやカーシェアリングより、自転車を利用するほうがずっと便利なのである。

●交通量の少ない道路は子どもの創造的遊び空間

　メインストリートであるヴォーバン通りから住宅地へ通じる道路は、自転車・歩行者専用道を除けば他の道路と繋がっておらず、車で進入してもまたヴォーバン通りに戻ってくるようになっている。そのため道路を利用

写真 11・11　「遊びの道路」と子どもの落書き

するのは居住者かそこに用事がある人だけで、また駐車場もないため、車の交通量は非常に少ない。

　この道路も含め、ヴォーバンには多く「遊びの道路」が設定されている（写真 11・11）。遊びの道路では車の速度制限は歩速で、道路で遊ぶ子どもと、車・自転車・歩行者は同等の権利を有しているのだそうだ。

　3人の子どもを一人で育てているアルムート・アッサンさんは「子どもたちは道ばたでたくさんの交流があって、遊びの約束なんて必要ないですよ。子どもたちが小さいときも、遊び場に同伴しなくて良かったんです。自分たちが遊びたいように遊ぶ自分たちの空間を持っていました。そういった彼らがどうやって遊ぶのかを見るのも楽しいですよ。自分の世界を持っていて自分のアイデアを追求する、こんな遊び方ができることは、今どきほかの地区では珍しいんじゃないかしら」と言う[注10]。車が「走らない」遊びの道路は、安全が確保された空間のみならず、もはや創造力を発揮する子どものための空間になっているのだ。30歳未満の人口比率がフライブルク市でもっとも高い地区になっている要因の一つと言える。車の進入を防ぐまちづくりは、子どものいる若い家族層の支持を集めたのである。

● **自家用車保有台数は少なく住環境満足度はトップクラス**

　車に依存しない街にすることを「フォーラム・ヴォーバン」のメンバー

がPRしたこともあり、入居者の半分以上の57%がヴォーバン地区に移り住む際に車を手放している。その結果、2017年の1000人あたりの自家用車保有台数を比較すると、ドイツ平均では500台以上、フライブルク市全体で394台であるのに対し、ヴォーバンはわずか208台で、市内でもっとも少ない地区になった（図11・11）。

　車に依存しない街は不便なのだろうか。図11・12で2016年にフライブルク市が実施した市民調査結果を見て欲しい。「住宅地のレイアウト」「外観・状態」に対する満足度は39地区中1位であり、「住宅地の清潔度」「住宅地の安全性」「住宅街の歩きやすさ」「公共交通機関の提供」に対する満

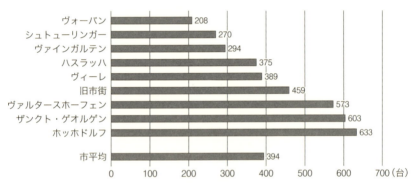

図11・11　主要地区の1000人あたり自家用車保有台数の比較 (出典：フライブルク市注3)

図11・12　市全体とヴォーバン地区の住環境に対する満足度の比較 (出典：フライブルク市注11)

足度は1桁順位、「市内中心部へのアクセスの良さ」は中心部から離れているにもかかわらず11位である。車を利用しにくいことを住民は不便と感じず、むしろそれによって良い住環境になっていると評価しているのである。

また人が徒歩・自転車で移動することにより、隣人どうしが路上で顔を合わせる機会がおのずと増え、それが良好な近隣関係を築く一助になっている。ふと足を止めて、車などの騒音の心配なく歓談できる道がヴォーバンにはたくさんあり、それがコミュニティをさらに持続可能なものにしているとも言える。

●市民が案を作る拡大市民参加

行政案に対し住民が意見を述べる「パブリックコメント」も市民参加であることは違いないが、ヴォーバン地区では、市民が案を作る「拡大市民参加（erweiterte Bürgerbeteiligung）」を「フォーラム・ヴォーバン」が提唱し、実現した。

中心メンバーの一人、アンドレアス・デレスケさんは言う。「背景には1970年代の原発建設計画の教訓があります。権力は間違ったことをします」「行政が何も考えていないうちに、行政より早く計画づくりを始め、『こういう住宅地にしたい』と、行政には出せないような明確なコンセプトを打ち出すことを考えたのです」「そこで、建築家、ランドスケープデザイナー、電気技師などの行政よりも専門知識を有する人たちを集めて相談しました」。

「フォーラム・ヴォーバン」のメンバーは、最初は車のない街にしようと考えたが、後になって車を必要とする人が出てくるという議論もあり、3分の2はカーポートフリーとした案を積極的に広報した結果、住民の大多数の賛同を得られた。この案に最初市は難色を示したが、話し合いの結果、駐車場用の留保地を建物の前面に用意しつつ、第1期分譲地の一部にカーポートフリーを採用した。蓋を開けてみると、第1期分譲入居約420世帯

写真11・12　駐車場になることはなかった建物前面の留保地

のうち、144世帯がカーポートフリーを選択し、市の予想をはるかに超え、留保地を駐車場にする必要はなくなった。そして第2期分譲でも同様の案を採用することができたのである。

　抽象的なアイデアだけでなく、専門家の参画で客観的で現実的な提案をしたこと、学びながら計画する拡大市民参加の方法を取ったこと、そして何よりも住民が粘り強く取り組んだことが、住みやすくかつ環境負荷の少ない街を生んだと言える。

11.3 協働作業で作った環境配慮型住宅とコミュニティ
―ヴォーバン地区の建築グループ

●都市再生の先駆けとなったヴォーバン地区の建築グループ

　ドイツ連邦建築グループ協会によれば、建築グループ（バウ・ゲマインシャフテン：Baugemeinschaften）とは「自身の使用または賃貸のために一緒に計画、建設、または改築を行ういくつかの個人の集まり」である[注12]。集合住宅を建てたい人たちが集まって、建築家やプロジェクト管理者の支援を受け、自分たちの理想の家のアイデアを練り、建築計画を立てて、共同で土地を購入する。

　ルーツは19世紀後半に生じた急激な都市化にともなう住宅困窮者対策というが[注13]、フライブルク市のヴォーバン地区と、同じバーデン＝ヴュルテンベルク州に属するチュービンゲン市での成功により連邦協会ができ、ハンブルクやミュンヘンなどドイツ全体に広まったという。チュービンゲンが行政主導であるのに対し、ヴォーバン地区は市民参加型で実施されたという違いがあった。フライブルク市全体では現在、建築グループにより建てられたコーポラティブ住宅（共同住宅）が210～220棟あるという。

　建築グループは、住民が集合住宅の設計段階から関わるのが特徴であり、住民の希望どおりの住宅にできる。従来の新規住宅地では一部の高所得者が計画地の奥地に1戸建てを建設し、残りの土地にデベロッパーが分譲や賃貸の集合住宅、長屋式の住宅を建設していた。しかし建築グループは、集合住宅を建築したい住民どうしが直接出会ってグループを結成し、そのグループで土地購入や建築家への設計依頼をするなど、一から住民が住宅建築に関わることができる。利益や広告費が不必要のため、民間の不動産屋からアパートを購入するよりも1～2割程度安価に住宅が購入できるのである（図11・13）。

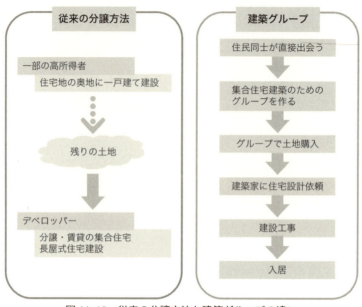

図11・13　従来の分譲方法と建築グループの違い

●市は地区の4分の1の土地を建築グループに譲渡

　ヴォーバン地区の場合、軍用施設の跡地38haをフライブルク市が分譲したが、そのうち25％の土地は建築グループに譲渡された。提案者は市に対し、コンセプトを書いたA4サイズ1枚の企画書を提出し、1次選考される。そのためには早い段階で建築家やモデレーター（調整役）を雇って話し合う場合もある。建築グループ最初は20人ぐらいで立ち上げるが、コンセプトを公開し賛同する人を集める。そうして市民や建築家が交流し意見を交わしながら、同じ考えの人が集まっていくのである。

　このような過程をへて建築グループによって建てられたヴォーバン地区のコーポラティブ住宅の分布を図11・14に示した。

　建築グループを作る最大の動機は、施主となる市民のコストの削減が見込めることである。また、設計から共同作業を行うため近隣づきあいが良好になる、住宅地への愛情が増す、住民の希望する間取りや設備・建材で

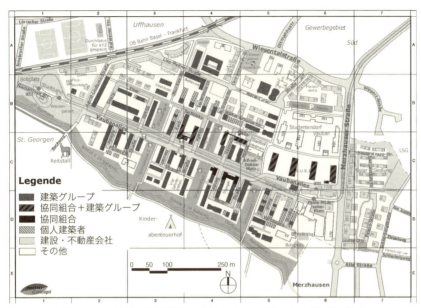

図11・14 ヴォーバン地区の建築グループによるコーポラティブ住宅の分布 （出典：ネイチャー・コンセプト注14)

建物ができるといったメリットがある。しかし一方で、建物の完成までに約3年もの時間がかかることや、同じ考え方で同じレベルの建築費用を負担できる人々が集まらなければグループが作れないこと、グループ参加者が建物の設計や建築に関してある程度の知識を持つようになるまで勉強し、参加するすべての人々がほぼ満足できるような設計をしなければならないといった課題がある注15。

● 環境に配慮したコーポラティブ住宅「クレーハウス」

具体例として、ここでは建築グループによって建てられたコーポラティブ住宅の一つである「クレーハウス」を紹介しよう。クレーハウスは5階建てと3階建ての2棟からなる。入居予定者と建築設計者が建築グループを形成し、ともに建物の設計をした。24世帯が施主となって25世帯分の住宅が計画された。その際、その家に住む人一人あたりの第1次エネルギ

写真11・13　クレーハウスの外観

ー消費量を、通常の8000～9000Wから2000W以下に抑えることをコンセプトとした。これはスイスの科学者たちが考案した「2000ワット社会」という考え方に基づいている。

　2棟のうち、5階建ての棟にソーラーパネルが付いており、全体の30～40%の電力需要を賄っている。太陽熱温水器も設置されている。よその風力発電にも共同投資している。熱供給に関しては2棟とも1基のコジェネレーションによって行われている。

　一つの住居を二つに分割したり、複数の部屋を一つに改造しやすい構造にするなど柔軟な建築構造を取り入れている。また、粘土の壁、植物性の断熱材など環境に配慮した建材を使用し、30cmの断熱材、3重ガラス窓などで断熱性を高めた。さらに、共同の洗濯室があり、共同の洗濯機はコジェネレーションや太陽熱温水器で作られた温水が直接洗濯機に入ってくるようになっていて、電気で水を温める必要がなく、省エネ効果が高い。また、乾燥室と共同で利用できる冷凍庫を設けている。冷凍庫付きの冷蔵庫は消費電力が高くなるが、共同の冷凍庫を持つことによって、各世帯では冷凍庫付きの冷蔵庫を買う必要がなくなった。

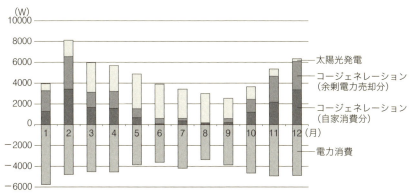

図11・15 クレーハウスにおける月別の電力消費と供給（2012年）(出典：ゾーラーレス・バウエン社注16)

●電気・熱の自給が可能なクレーハウス

図11・15は2012年におけるクレーハウスの月別の電力の供給と消費のバランスを示したものである。下向きの棒が消費量、上向きの棒が供給量である。これをみると冬の電力消費が非常に大きいが、コジェネレーションが稼働し、これを賄っている。夏は太陽光発電による供給量が大きくなるが、熱需要が少なくコジェネレーションが稼働しないため、電力消費のほうが多くなる月もある。しかし年間をとおしてみれば、消費する以上のエネルギーを高効率のコジェネレーションや太陽光発電などで賄っており、エネルギー収支はプラスであると言える。

●クレーハウスの経済性

図11・16にドイツの一般家庭とクレーハウスの1ヶ月あたり光熱費を示す。この図の左側がドイツの一般家庭で右側がクレーハウスの数値である。ドイツ全体ではおおよそ$1m^2$あたり1.8ユーロ（約230円）かかる。それに対してクレーハウスは0.6ユーロ（約75円）しかからない。つまり約3分の1程度に光熱費を抑えることができている。

このような設備の設計を行ったのは、建築グループに入っていたエネル

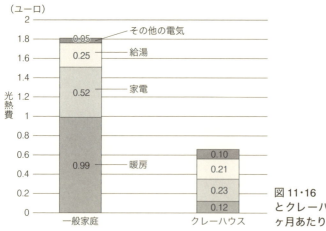

図11・16 ドイツの一般家庭とクレーハウスの光熱費（1ヶ月あたり）(村上敦(2007)[注15])

ギーコンサルタント会社ゾーラーレス・バウエン（solares bauen GmbH）である[注17]。ゾーラーレス・バウエンは2015年現在、フライブルク市に25人、ベルリン市に4人、フランスのストラスブール市に14人の従業員がいるが、創設者たちは「研究より実践が重要」と考えて、フラウンホーファー研究機構（9章参照）から独立したのだそうだ。

● 低炭素まちづくりに貢献

　前節で述べたように、ヴォーバン地区は住民主導で車に依存しない街を実現した。それとともに「エネルギーコンセプト」に基づき、温室効果ガス排出量が特別な対策をしなかった場合に比べて、およそ6割削減されたとされる。このような低炭素まちづくりが実現した背景には、エネルギー公社バーデノーヴァから供給される電気や熱が、効率のよいコジェネレーションによって生みだされたものであることも理由だが、個別の建築物において断熱性能を高めたり、再生可能エネルギーを導入していることが寄与していると考えられる。それを主導したのは、クレーハウスをはじめとする建築グループが建てたコーポラティブ住宅（共同住宅）である。

●人間関係も持続可能なコーポラティブ住宅

入居者たちは住宅の設計段階から経験を共有している。また共同の洗濯機や庭の手入れなど、住宅に関する責任を共有することで信頼関係がますます高まっているという。つまり、この関係が長ければ長いほど、早ければ早いほど良いのである。新入居者の歓迎会や入居者の誕生パーティを実施したり、合唱サークルがあったり、子育て真っ盛りのシングルマザーがPTAの夜の集まりのときにも隣人に子どもを見てもらえたりする[注10]のは、その証拠と言えよう。

日本にも数多くのコーポラティブ住宅が存在するが、ドイツのコーポラティブ住宅は、自由設計であるだけでなく、人間関係が持続可能であることのメリットが大きい。またヴォーバン地区が成功したのは、使い勝手の悪い未利用地を活用して安い住宅を供給したいという市の政策の方向と一致したこともその理由と言えよう。そしてパッシブハウス化や再生可能エネルギー、コジェネレーションのなど先駆的な取り組みが基準となり、後年にはそれが条例となって市のエネルギー政策の高度化に繋がっていったのである。

●住民ニーズに応える野心的な建築家

ドイツ連邦建築グループ協会元理事のフーベルト・ブルデンスキーさんは建築グループについて次のように言う[注18]。

写真11・14　建築家ブルデンスキーさん　2019年2月19日、事務所にて

「これまでの住宅は、あるものを買うしかなく、どんなふうに住みたいかは2の次にならざるを得ません。若者と年配者、健康な人と病気を持った人が混在して建築グループを構成したことで、新しい住まい方のトレンドが生みだされました。これは私たち建築家にとって、ものすごい刺激でした。私は人と作っていくプロセスが好きです。大変ですが、実験的な試みを住民のニーズに沿って実現できたことは、大きな喜びです」。

ブルデンスキーさんはその後、他の都市の仲間に呼びかけてドイツ連邦建築グループ協会を作り、それがきっかけとなり都市再生を目的とした建築グループがドイツ全土に広がっていったのである。

住民ニーズに応えることを喜びとする野心的な建築家と、快適さと環境配慮を両立させた住宅を建てたいと願う住民の存在が、フライブルク市が「SDGs先進都市」にもっとも近い都市であることに一役買っていると言えるであろう。

第12章
つくる責任
つかう責任

持続可能な生産消費形態を確保する

　フライブルク市の住民が持続可能な生産活動に熱心であることは、2章で述べたガルテンコープの事例などに現れている。一方、10章で紹介したヴェルトラーデン・ゲルバーアウをはじめとして、持続可能な消費の実現にも行政と市民が熱心に取り組んでいる。そこでここでは、資源循環の面からの貢献事例として、廃棄物処理を行っている公的機関「フライブルク市廃棄物管理・清掃公社（ASF）」を取り上げる。

12.1 リサイクル率60％超えを実現
― フライブルク市廃棄物管理・清掃公社（ASF）

●市が53％出資する第3セクター

　フライブルク市廃棄物管理・清掃公社（ASF：Abfallwirtschaft und Stadtreinigung Freiburg GmbH）は、市が53％出資する日本でいう第3セクターである。ごみの収集とともに、道路の清掃や除雪活動も行っているほか、400kmある自転車道の維持管理もしている。廃棄物管理・清掃公社のシンボルカラーは緑と白で、ごみ収集車は緑を基調として白で文字が描かれている。2016年現在、357名の従業員、177台の車を所有しており、大半がごみの収集に従事している。運転手の大半は男性で、女性は管理業務に従事しているが、最近男性の職場への女性進出にともない、二人の女性運転手がいるという。

　フライブルク市は1980年代[注1]にドイツでもっとも早く、ごみの分別を始めた。当時、埋め立て処分場が満杯になり、新たな処分場を作るのに膨大な費用がかかることから、埋め立てごみを減らし処分場できるだけ小さくしてコストを抑えようとする狙いがあった。

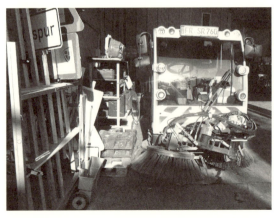

写真12・1　道路清掃車

表12・1　年間ごみ収集料金（2019年4月時点）

世帯人員	料金（ユーロ）	収集間隔 体積（ℓ）	2週間に1度（ユーロ）	1週間に1度（ユーロ）
1人	107.76			
2人	114.48	35	39.72	79.44
3人	139.08	60	68.28	136.56
4人	157.56	140	158.88	317.76
5人以上	185.04	240	273.12	546.24

図12・1　契約シール

● リサイクルできないごみは有料で年間契約

　家庭から出る廃棄物については、リサイクルできないごみの収集は有料であり、リサイクル物は無料（基本料金に上乗せなしで）で収集している。年間ごみ収集料金は表12・1に示すように、世帯人数に基づいた基本料金があり、それに加えてごみを入れるコンテナ容器のサイズ、回収頻度（週1か隔週かを選択）によって異なるごみ収集費用がかかる。たとえば4人世帯で60ℓ入りコンテナ容器の2週間に1度の収集を依頼すると、年間約226ユーロ、約3万円ほど支払うことになる。すなわち、リサイクルできないごみの処理に関して個人が直接コストを支払う仕組みになっており、ちゃんと分別をしてごみを減らせば自分の負担が軽くなるので、減量化意識が芽生えるようになっている。契約形態は図12・1に示すようなシールをコンテナに貼ることで見分けられるようになっている。

● ごみは4分別

　家庭で戸別収集されるごみは図12・2に示すように、紙ごみ、容器包装ごみ、生ごみ、処分ごみの4分別である。各家庭は、緑色（Grüne Tonne：再利用可能な紙・段ボール、隔週で回収）、茶色（Biotone：有機ごみ＝生ごみ、草・花や剪定ごみ、週1で回収）、黒色（Graue Tonne：リサイクルできないごみ）のコンテナ（写真12・2）、および黄色い袋（Gelber Sack：容器包装類、缶類）にごみを分けて入れ、決められた日に自宅の前に置くことになっている。これとは別に街なかの350の収集地点で、ガラスとボトルを処分することがで

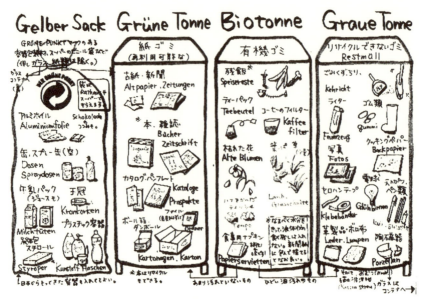

図12・2　フライブルク市のごみ分別表日本語版 (提供：エコ・フライヴィリヒ注2)

写真12・2　家庭用ごみ収集コンテナ容器

きる。また、家庭の樹木剪定枝などは、9ヶ所の収集場所に持ち込むことができる、

事業系の廃棄物についても、混合物、紙類、フィルム・シート、剪定ごみ、木材、建設廃棄物まで有償で回収を行っている。コンテナは小〜中量のごみ向けには、逐次中身のごみだけが回収されるタイプ、容量が多い場合であればコンテナごとトラックで回収されるタイプのものがある。食品廃棄物に関しては、レストラン、ホテル、食堂、ケータリングサービス、軽食スタンドなどの運営者のために、120〜600ℓの大きさの特別な容器が用意されており、毎週または2週間ごとに収集される。また油専用のコンテナもある。

●資源循環の拠点、リサイクリングセンター

　フライブルク市内には三つのリサイクリングセンターがあり、市民は無料で家庭の廃棄物を引き渡すことができる[注3]。このうち市内北部にあるザンクトガブリエル・リサイクリングセンター（Recyclinghof St. Gabriel、図12・3）は廃棄物管理・清掃公社の本社に併設されていて、広い敷地にはごみ収集車や道路清掃車、大型のコンテナなども並ぶ。建物や車庫の上にソーラーパネルが設置されおり、発電した電気はすべて売電している。その発電量は場内で消費される電力量よりも多い。電気自動車も使用している。

　ザンクトガブリエル・リサイクリングセンターの場内には、家電、家具など粗大ごみを市民が直接持ち込むストックヤードがある。持ち込みは基本的に無料で、週3日持ち込める日がある。訪問した日は金曜日の午前中であったが、粗大ごみを積んだ市民の車がひっきりなしに出入りしていた（写真12・5）。また、ここでは毎週月曜日の午後2時から4時まで、収集したごみの中から状態のいいものを中古品として販売を行っているそうだ。

　また危険物のストックヤードがあり、古いオイル・バッテリー、水銀の

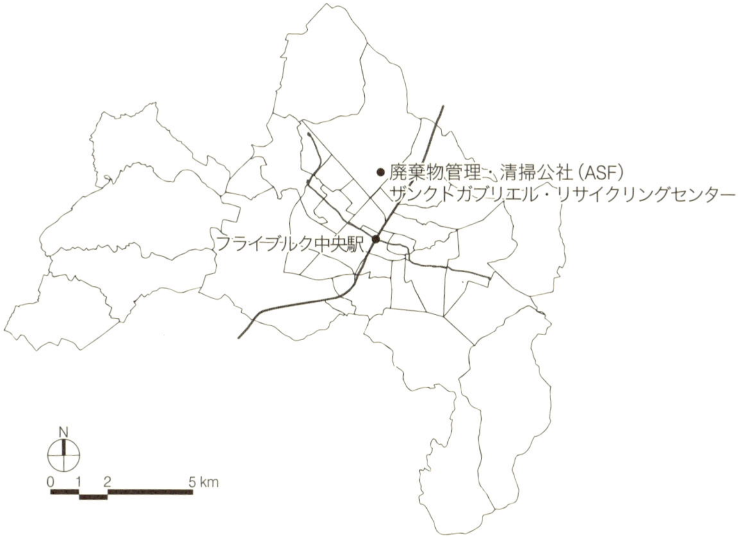

図12・3　ザンクトガブリエル・リサイクリングセンターの位置

第12章　つくる責任つかう責任

写真 12・3　ごみ収集車

写真 12・4　廃棄物管理・清掃公社本社およびザンクトガブリエル・リサイクリングセンターの敷地全景（出典：ASF[注4]）

入った蛍光灯の水銀や強力な洗剤、中味の分からないような化学薬品などを回収している。毒性の強いもの、強酸性、強アルカリ性はつぼのような容器に格納し、中身が分かるようにラベルが貼ってある。従業員は特別な訓練を受けており薬品の化学的性状を分析することができ、どのような処理をすべきかが分かっているという。これらは別の業者に渡し、特別な形

写真 12・5　粗大ごみを持ち込む市民

でリサイクルをするのだそうである。危険物も市民が直接持ち込んでいた。市民が持ち込んでもお金はかからないそうだ。

　ワイン好きのドイツ人が、たくさん廃棄するであろうコルクも集めている。これは障害者施設に持ち込んで再資源化し、雇用促進に役立っているそうだ。家電製品も回収しているが、不要なもの・壊れたものを直接買った店に持っていくこともできる。日本と違って消費者の負担はゼロである。

●生ごみや草花はバイオガス化

　紙ごみと容器包装、缶類はリサイクル業者に運ばれる。生ごみや花・草・剪定ごみは、バイオガスの設備で発酵させ、コジェネレーションで電気と、地域暖房に供給される熱を作る。固形残渣は堆肥として市民に安く提供している。リサイクル不可能なその他のごみは焼却処分される。このほかにも粗大ごみの回収が年に数回あり、状態によってはリサイクリングセンターで中古品として安く売られ、または無料で希望者に引き渡されることもある。

　びん類のうち、ビールびんや牛乳びん、一部のペットボトルなどは、全国一律デポジット＝リユースシステムによって、商品の購入時にデポジット代金を支払い、その代金は店頭で空き容器を返却するときに払い戻される。返却されたびんや一部のペットボトルは洗浄され、再利用されるが、マテリアルリサイクルされるペットボトルもある。

● 普及啓発活動も行う

　廃棄物管理・清掃公社はまた、ごみの分別と廃棄物の削減について、子ども向けの環境学習活動を無料で実施している。これは廃棄物管理・清掃公社の女性スタッフ一人が、たとえば幼稚園や小学校の「地域と生活」という単元の際に、出前授業の形で行っている。具体的には、パペット人形、かわいいごみ箱、ゲームなどを用いて、廃棄物の削減、廃棄物の分別、都市の美化などについて、子どもたちに教えている。

● 「フライブルクカップ」導入で飲料容器をリユース

　ドイツは国全体で飲料容器にデポジット（上乗せ金）を課しリユースに取り組んでいるが、テイクアウト・コーヒーなどに使われる使い捨ての紙コップについては対策が進んでいない。そこでフライブルク市は 2016 年から、プラスチックカップのデポジットを開始した。これを「フライブルクカップ」と言っており（写真 12・6）、頑丈なプラスチックの容器でできており、デポジットで 1 ユーロ（約 125 円）上乗せしている。導入して 1 年の時点で、大手のコーヒーチェーンなど 90 店舗以上で実施している。持ち帰りカップのうち 10 〜 20％程度の導入だが、大手はもっと熱心だそうだ。導入してまだ期間が短いため、効果は把握されていないが、物珍しさもあって、家に保管されているのではという。

写真 12・6　フライブルクカップ

●ごみ排出量は20年間で約半分に減少

　廃棄を少なく循環型にする取り組みの成果は、数値にも現れている。図12・4に示すように、フライブルク市のごみ排出量は1996年から2016年の20年間で約半分に減少し、リサイクル率は31％から64％へと約2倍になった。統計の取り方や廃棄物の区分が違うので単純比較はできないが、人口20万人を超える都市でリサイクル率が60％を超えることは日本では考えられない。

　フライブルク市民の高い環境意識が、レベルの高い3R（リデュース・リユース・リサイクル）を実現していると言えるであろう。

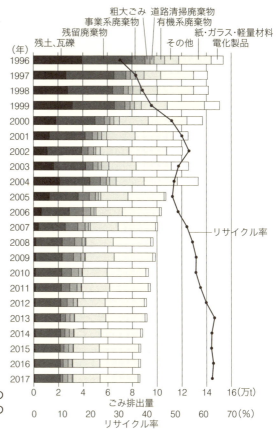

図12・4　フライブルク市のごみ排出量とリサイクル率の推移（出典：フライブルク市注5）

第13章
気候変動に具体的な対策を

気候変動およびその影響を軽減するための緊急対策を講じる

　すでに述べてきたように、フライブルク市においては行政と市民や企業を繋ぐ専門家集団の存在が持続可能な地域づくりを可能にしている。とくに気候変動（地球温暖化防止）には、7章や9章、11章で述べたようなエネルギーコンサルタントをはじめとする専門家集団の存在が欠かせない。すなわち、エネルギーコンサルタントと建築家など、異なる分野の専門家のコラボレーションによって、斬新なアイデアを盛り込んだ先進的な省エネ建築が生まれている。この考え方は伝統的町並みの保存にも応用されている。そこでここでは、歴史的建造物を保存しながら省エネに挑戦しているヴィーレ地区の取り組みについて取り上げる。

13.1 歴史的建造物を保存しながら省エネに挑戦
—ヴィーレ地区

●歴史的町並みのあるヴィーレ地区

　ヴィーレ地区はフライブルク市の南中部に位置する人口約2万4000人の閑静な住宅地区である。20世紀始めのころに建てられ、文化財として保護されているような歴史的な建物が多い。通常、歴史的建造物の省エネ性能を高めることは至難の業である。しかし、フライブルク市と住民は、市民団体やエネルギーコンサルタント注1のアドバイスを受けながら省エネ（エネルギーの高効率化）に挑戦した。これが「ヴィーレ発電所（Kraftwerk Wiehre）」プロジェクトである。

●困難な歴史的価値の保存と省エネの両立

　ドイツでエネルギーをテーマにする場合、電気のことだけではなく熱に

図13・1　ヴィーレ地区の位置

第13章　気候変動に具体的な対策を　｜　153

写真 13・1 ヴィーレ地区の外観

ついて語られることが多い。寒くて長い冬に暖房（セントラルヒーティング）で使われる熱エネルギーをいかに減らすかは、省エネを考えるうえで重要なポイントになるからだ。大きな課題の一つは建物の改修で、断熱性を高くすることで消費される熱エネルギーを大幅に抑えることができる。しかしそこで問題になってくるのが歴史的建造物である。

　図13・2にヴィーレ地区の建造物の建築年代の分布を示した。プロジェクトにあたって、現地調査の申請のあった建物のうち1911年以前に建てられたものが54％の40軒にも及ぶ。これらの建物の多くが文化財に指定されており、勝手な改修は許されない。それに加え、敷地と道路の間や隣の住居との間も狭く、外断熱をするにもスペースが足りない。外観を維持管理するだけでも大変なのに、それに加えて省エネ改修など非常にお金がかかる。そのうえヴィーレ地区の家の所有者はあまり資金力がなく消極的な人が多かったり、住宅を貸しているが家主自身はフライブルク市内に住んでいないような場合も多く、省エネ改修に力を入れているフライブルク市といえども、これを改修するということはとても難しかった。

●コジェネレーションによるエネルギー高効率化の挑戦

　フライブルク市では省エネ改修および断熱工事を支援しているが、壁の一般的な改修工事は約50〜100年ごとの周期で行われるため、今すぐには

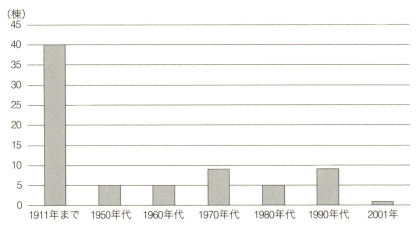

図 13・2 ヴィーレ地区の建造物の建築年代の分布　現地調査の申請のあった建物が対象。全面改装された場合はその年を示す （出典：エコトリノーヴァ[注2]）

しなくてもいいという建物が多い。しかし、暖房装置は約25年ごとの周期で交換しなければならない。このことから、改修ではなく暖房設備を交換することで、省エネを実現できないかと考えたのである。

このプロジェクトを提案したNPOの「エコトリノーヴァ（ECOtrinova e.V.）」が着目したのはコジェネの導入だ。暖房器具を新しいものに交換しなければならなくなった際に、タイミングよく、電力を作りながら暖房・給湯できるコジェネレーションへの買い替えを促進していくのである。

従来の火力発電・原子力発電で

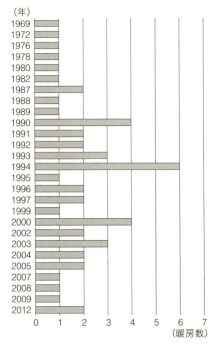

図 13・3　暖房装置の設置年代　現地調査の申請のあった建物が対象 （出典：図13・2と同じ）

第13章　気候変動に具体的な対策を　｜　155

は電気のみを回収し、同時に作られる熱は大気や河川・海に放出されるため、エネルギー生産効率が 30 〜 40％、よくても 50％程度にとどまる。コジェネであればこの熱も有効利用できるため、エネルギー効率が 80％、高い場合は 90％にもなる。暖房や給湯のために化石燃料を燃やすのであれば、その際に電気も作ることで、エネルギーの高効率化が図れ、CO_2 の排出も抑制される。

まず、市の補助を得て、暖房設備が設置された年を調べたところ、図 13・3 のようになった。更新時期に来ている家に、手紙を書いた。この作業は設備導入を担当するエネルギーコンサルティング会社ゾーラーレス・バウエン（Solares Bauen GmbH）やフライブルク市とともに行った。

●光熱費を 3 割削減

ヴィーレ地区には戸建ての住宅はほとんどなく、集合住宅が多いため、一軒家で導入すると割高になったり調整がしにくいコジェネの導入に向いている。導入にあたっては建物全体でどのくらいの熱供給が必要かを計算する必要があるが、冬場の熱需要のピークに合わせて導入すると、春から秋の熱需要が低いときに熱が余ってしまうため、コジェネをある程度通年

写真 13・2　コジェネレーション設備を導入した建物
（提供：レーザー博士[注3]）

で使用できるベース熱源とし、ピーク時には昔からあるボイラー等も併用して熱を作ることを基本とした。

作られた熱（熱水）はタンクに貯められ、家の中の熱供給に使われる。電力はドイツ政府が定めているコジェネの固定買取価格が低いため、できるかぎり自家消費をする。余剰分の電力に関しては送電網に売却し、コジェネで作る電力で不足する場合は外から電力を購入する。

たとえば、写真13・2の建物には8戸の住居と二つの事業所が入っているが、5.5kWの電気と14.5kWの熱を生産するコジェネを導入した。その結果、50％の売電、エネルギー消費コスト30％の削減、年間CO_2排出量22tの削減を実現したのである。

● エネルギーの消費者から生産者へ

ヴィーレ発電所のパンフレットには「電気と熱を自分で作ってみませんか？」というキャッチフレーズがある。熱はともかく、電気を自分で作るというと何か特別なものであるように感じられるかもしれないが、コジェネを使えばそれが効率的な形で実現する。ヴィーレ発電所プロジェクトでは図13・4のような運営モデルが推奨された。

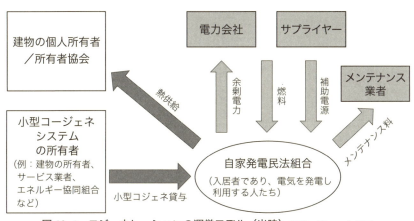

図13・4　コジェネレーションの運営モデル（当時）(出典：図13・2と同じ)

まずコジェネで発電した電気を使いたい居住者は、「自家発電民法組合」というものを作ってこれに加入する。この組織がコジェネを管理・運営し、発電し、電力が不足する場合には電気を外部から購入する。また余った電力は電力会社に売電する。これにより電気代が通常より 10〜15% 安く抑えられる。熱は建物の個人所有者や所有者協会に販売し、賃貸の場合には最終的に入居者が支払う。その他、コジェネのメンテナンス費用も組合が負担する。

ただコジェネの導入費用は通常の暖房・給湯用ボイラーよりも高くかかる。売電での収入があるので、長期的にみれば経済的だが、建物の個人所有者や所有者協会がこの負担を望まない場合は、サービス業者やエネルギー共同組合にコジェネを設置してもらい、それを借りるケースもある。当然ながら賃貸料はかかるが、初期コストが抑えられ、かつ電気代が安くなるため、コジェネ導入を後押しできる優れた運営モデルであった。

●建築物保存と省エネの同時解決で SDGs の考え方を体現

この仕組みは、日本のエスコ（ESCO：省エネ設備を第3者が貸与し初期費用を光熱費で返していく仕組み）のミニ版と言えるだろう。エコトリノーヴァがまず調査を市に提案し、小型コジェネ導入の費用を補助するよう働きかけることで実現している。環境意識が高く、専門的な知識を備えかつ具体的なアイデアを持った市民が、積極的に政治的な活動を行った成果である。フライブルク市が効率的なコジェネの重要性を以前から認識し、市内でもコジェネによる熱供給を進めていたことも大きい。

市の中心部にあるホテル・ヴィクトリアも 1875 年に建造された古い建築物をエネルギーコンサルタントの提案で省エネ改修し、数々の賞を獲得している。伝統的な建築物の保存と省エネを一気に解決するこの取り組みは、都市計画部門と環境部門の縦割り行政の日本では実現がなかなか難しい。まさに複合的な課題の同時解決を求めている SDGs の考え方を体現していると言えよう。

第14章
海の豊かさを守ろう

持続可能な開発のために海洋・海洋資源を保全し、持続可能な形で利用する

　フライブルク市は一番近い海から約410km離れている内陸部に位置している。しかし内陸であるにもかかわらず海の保全活動をしている団体がある。ここでは食生活の見直しなどを通じて海の保全活動をしている「魚のない寿司」（Wo ist der Fisch? Sushi）の活動を取り上げる。

14.1 魚類保全のため、菜食の寿司を提供する
―魚のない寿司

「魚のない寿司」(Wo ist der Fisch? Sushi、直訳すれば「お魚はどこ？寿司」) は 2015 年に発足した、お寿司のケータリングおよび食事会イベントを行うグループである。お寿司といっても、魚をはじめ肉類、乳製品、卵を一切含まない完全菜食主義ヴィーガンのお寿司を作り提供し、それにより魚介類の乱獲を減らし海洋を保護することを目指している。

●魚の消費はなぜ減らすべきか

1960 年代から 2013 年までの間、人間一人が 1 年間で食べる魚介類の量は、9.9kg から 19.7kg と世界全体で 2 倍以上になった。アフリカ (9.8kg) や南アメリカ (9.4kg) においてはこの平均値を大幅に下回るのに対し、アジア (23kg)、ヨーロッパ (22.2kg)、北アメリカ (21.4kg) では平均値を上回っている[注1]。

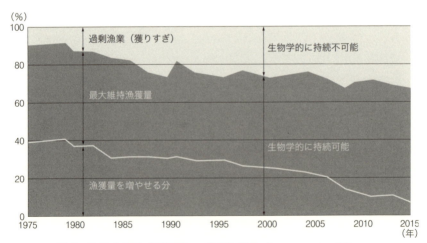

図 14・1 世界の海洋中魚量（漁獲量）の状態と推移（1974〜2015 年）（出典：国際連合食糧農業機関[注2]）

世界的に漁獲量が大幅に増えたことにより、水産資源管理の重要性が高まっている。漁業を持続可能な形で行うためには、魚の種の存続が将来的に維持されるよう漁獲量を限定しなくてはならない。この指標として国際的に使われるのがMSY（最大維持漁獲量）で、この量を超えて漁業を行い続けると魚の個体数が回復せず、その種の魚は（その地域で）将来的に絶滅に瀕することになる。国連の食糧農業機関（FAO）のレポートによると[注2]、2015年の時点で、世界の海洋漁業のうち33.1％が持続可能的でない、つまり獲りすぎの状態にあるという（図14・1）。また59.9％はMSYの値かそれに近い量で水揚げされていて、持続可能性を考慮すれば漁獲量を増やすことは望ましくない。これらのことを勘案すると、魚介類の消費を個人レベルで削減していく必要がある。

● 高まるベジタリアン、ヴィーガン向けの寿司需要

　ドイツにはそもそも、動物愛護の精神などにより菜食主義を選ぶ人が、若い世代を中心に多い。狂牛病問題に象徴されるような、効率優先で動物への配慮などまったくない大規模集約的な飼育への倫理的な批判に加え、畜産業が与える環境負荷の問題（家畜のし尿などが原因となる地下水の汚染、温室効果ガスの排出、飼料の輸入、水の大量消費など）も多くの人が知るところとなった。また日本では菜食主義やベジタリアンというと定義が曖昧で、魚は食べるが肉を食べない人と理解されることも間々あるが、ドイツの菜食主義者は魚も食べない。

　一方で、お寿司はドイツでも「スシ」「ズシ」など呼ばれ、一般的な食べ物になっていて、フライブルク市内、とくに中心部には複数の店舗が見られる。そういう普通の寿司専門店や和食レストランであっても、ベジタリアン向けに魚介類を使っていない寿司メニューをたいていは用意している。そして肉・魚介類だけでなく卵、乳製品も含めた動物性の材料をまったく食べない完全菜食主義者（ヴィーガン）のために、「魚のない寿司」では環境と動物に配慮した寿司を、食事会とケータリングを通じて提供している。

●植物性原料だけで十分おいしく、エシカルに

　ヴィーガン寿司の食事会は前菜、主菜、デザートの3皿が提供される。このうち主菜が寿司で、9貫か14貫のどちらか好きなほうを選べる。寿司のネタでおなじみのアボカドやキュウリをはじめ、赤や黄色のパプリカや真っ赤なレッドビート、焼き豆腐、スプラウトなどを使った実に色鮮やかな寿司が目の前に並べられる。寿司飯自体を赤く染めたお寿司もある。味も非常においしく、ベジタリアンだけではなく通常の食事をしている人たちにも好評だという。さらに食材はすべてオーガニックのもので、野菜もできるかぎり地元産のものを利用している。

写真 14・1　植物性の原料だけで作られたお寿司 (出典：魚のない寿司注3)

写真 14・2　団体設立者の
ダニエル・ビクセル氏
(出典：写真14・1と同じ)

「魚のない寿司」では年に2〜3回の食事会のほか、パーティなどへのケータリングサービスも行っている。通常の寿司のケータリングなどでは、使用される魚介類がどのような場所で、どのような方法で捕獲されるのか分からない。生態系に悪い影響を与えたり、絶滅危惧種を含むカメやイルカなどが混獲され死亡するような漁法によって捕獲された魚介類を避けたい消費者は、自然とオルタナティブな寿司を選ぶようになる。また「魚のない寿司」では純利益の5%を海洋保護に取り組む団体に寄付している。

● 河川から海へのごみ流出を止める

　海洋に漂うプラスチックごみは近年クローズアップされ、2019年に大阪で行われたG20では各国が協調して対策に取り組むことが決議された。この海のプラスチックごみの80%は陸地で作られ、河川を通じて海に運ばれたものである[注4]。フライブルク市内を流れるドライザム川もいずれはライン川に繋がり、海に通じることを考えると、ここから流れ出るごみを防ぐことは海洋保全にも繋がる。

　「魚のない寿司」は2016年から年に1〜2回のペースでドライザム川の美化活動「ドライザム・クリーンアップ」を行っている。スローガンは「海洋保護は家の周りから！」。ちなみにドイツでは街の美化は公的機関の仕事とみなされることが多く、市民が私有地以外の街のスペースを清掃するということはほとんど行われない。その意味でもこの活動は画期的だ。

　2018年3月に行われたクリーンアップでは、25人のボランティアのほか、5〜6年生の35人の子どもたちが参加して150kgのごみを回収した。その分のごみがいずれは海に流出したかもしれないことを考えると、その効果は決して小さいものではない。

　また「魚のない寿司」の代表であるビクセル氏は、海洋におけるプラスチックの問題について講演やセミナーなども行っているほか、水域保護の重要性についても発信している。彼自身がダイビングのコーチであり、海のプラスチックごみの問題について肌で知っていることも大きい。

写真 14・3　2017 年 8 月の清掃活動 (出典：ドライザム・クリーンアップ注5)

写真 14・4　寒い中ごみを集める子どもたち (2018 年 3 月)
(出典：写真 14・3 と同じ)

● 陸地でも十分にできる海洋保全

　フライブルク市は一番近いイタリアの海から約 410km 離れていて、バカンスなどで海に行く人はもちろんいるが、生活していて海を感じることはない。ちなみに日本で一番海から離れていると言われている地点でも、海岸線から 115km ほどでしかない注6。こういう内陸で海の保全活動といってもあまりピンとこないかもしれないが、食生活の見直しや、河川の美化な

どを通じてそれが可能であるということを「魚のない寿司」の活動は示している。

　日本では海に囲まれていながらも、身の周りの生活と海の関係を考えることは、とくに内地に住んでいる人には難しいだろう。こういう活動事例が、自身がどのように海と繋がっているか考えてみるための参考になると幸いだ。テーブルの上の魚は違法に乱獲されたものかもしれないし、手から落ちたプラスチックの買い物袋は風に乗って川に落ち、細かく裁断されながら太平洋に行きつくかもしれないのだから。

第15章
陸の豊かさも守ろう

陸域生態系の保護、回復、持続可能な利用の促進、持続可能な森林の経営、砂漠化への対処ならびに土地の劣化の阻止・回復および生物多様性の損失を阻止する

　フライブルク市はドイツを代表する森林・山地である「黒い森」（シュヴァルツヴァルト）の玄関口である。小さな町であるゆえ、他都市のように街なかに大きな緑地はないが、フライブルク市民はLRTやロープウェイ、自転車でものの10分も行けば、この豊かな森に触れることができる。そこで本章では、森林生態系についての学習拠点の一つ、ヴァルトハウスについて取り上げる。

15.1 森の大切さや経済的価値を学ぶ拠点施設
— ヴァルトハウス

●森や林業に関する公設民営の学習拠点施設

　ヴァルトハウス（WaldHaus Freiburg、森の家の意味）はフライブルク市中心部から南にLRTの2番で10分ほど乗り、さらに5分ほど歩いた森の中にある。2008年に市によって建設された公設の施設であり、森や林業に関する学習拠点である[注1]。森林と持続可能性をテーマとし、子どもを中心とした幅広い年齢を対象に環境教育プログラムを提供している施設である。環境先進都市として森林保護や環境保護に関するイニシアティブをさらに発揮するため、2008年に設立された。スタッフはフライブルク市職員、パート、研修生など約15人である。森林経済学、経営学、生物学を専攻した者や1年間の研修生などさまざまな分野の人が運営にあたっている。

図15・1　ヴァルトハウスの位置

第15章　陸の豊かさも守ろう

ヴァルトハウスの目的は、
① 市民の森を身近に感じてもらうために森の生態系を知る、森を感じる機会、森と関わる機会を提供すること
② 森に敏感になり、日常生活で森を意識できるようになる機会を提供すること
③ 森林保護のためには適切に利用することが重要であり、経済的な価値があることを体験的に学ぶ機会を提供すること
の三つが挙げられる。生態系保護のみならず利用も目的としているところが注目される。

● **カフェを備えたメイン建物と作業のためのログハウス**

ヴァルトハウスには訪問者は年間2万7000人で、900人の専門家が視察に訪れる。メインの建物は2階建てであり（写真15・1）、ここの木材を使って建設された。またエネルギーは木質バイオマスを使った暖房である。建物内にはスタッフの事務所、展示室、セミナールーム、それにカフェもある。カフェは日祝日のみ営業だが、そこで出されるコーヒーはフェアトレードでかつ、環境に配慮して栽培されたものを使用するなどメニューにもこだわっている。1階では市民グループの催しがたびたび実施されている。

写真15・1 ヴァルトハウスのメイン建物

写真15・2 ヴァルトハウス2階の展示スペース

一方2階には展示ブースがあり、企画展示ができるようになっており、森の生態系に関連した展示がしばしば行われている（写真15・2）。

またメインの建物から上に登ったところには、ログハウスがある。ここにはさまざまな工具類が用意されており、ものづくりができるようになっている（写真15・3）。

写真15・3 木を削る伝統的な工具を使ってみる筆者

● 「本物」に触れて実用的なものを作る学習プログラム

ヴァルトハウスでは年間約100のプログラムを実施している。代表的な学習プログラムを表15・1に示した。学校向けプログラム、家族向けプログラム、一般向け公開プログラム、成人向け体験講座・講演会、企画展示に分けることができる。

この中では学校向けプログラムの頻度が多く、27の学校が利用している。クラス単位で参加することが多く、1回あたり15～20人、年間延べ7000人が参加している。小学校レベルの自然体験型プログラムの例としては、

第15章 陸の豊かさも守ろう | 169

表 15・1　ヴァルトハウスの代表的な学習プログラムの内容

プログラム	対象	期間	内容
学校向けプログラム	年齢に合わせてさまざまなアクティビティを用意	半日～1週間	森林に関わる仕事を学ぶ1週間プログラムでは、生徒が木を伐り、実際にその木から椅子等を製作する。最終日にはそれを実際に販売する。森の中の動物の足跡をたどるプログラムもある。
一般向け年間プログラム	誰でも参加できる（プログラムにより制限有）	半日～5日間	幅広い年齢を対象に家族向けのものから、個人で参加できるものまで、さまざまなプログラムが用意されている。森の散歩プログラム、キノコツアー、森に関連するお話、紙のリサイクル体験、木のモノづくり体験など
成人向け体験講座・講演会	主に幼稚園の先生や保育士	1日～3日	環境教育に携わる大人や環境や森に関心がある大人向けの体験講座や講演会
企画展示	誰でも見られる	半年ごと	たとえば、おおかみに関する展示や、繊維となる木の展示などを実施。ただ見るだけでなく、説明があったり実際に展示物に触れられたり、音を聞けるコーナーがあるなど五感を使って楽しめるように工夫されている

(出典：ヴァルトハウス[注2])

木の寸法を測る数学の授業、目隠しをして森を歩く授業、顕微鏡を使って水生生物を観察する授業がある。幼稚園児は何もせずに過ごすことも多いが、少しだけやっていることを見せると、好奇心を持ち自分で行動するそうだ。

　企画展示は、オオカミなど絶滅危惧種に関するものや森林の自然萌芽に関するものから、グリーンイノベーション、美術品に関する展示まで、さまざまである。

　また、「アクショントーク」というボランティア活動をする日も年3～4回ある。売れるものを作ることもあり、ある時は10個のベンチを作って2000ユーロ稼いだこともあるという。

●1週間プログラムで子どもたちは劇的に変わる

　1週間プログラムは、5歳から10歳の子どもがヴァルトハウスで過ごす。午前中は好きなことをして、お昼は料理作りをしてそれを食べる。午後は今日はどんなことをしたか、何が良かったかを話し合う。絵で表したりす

ることもある。

　最初の月曜日は、虫を怖がったり、スープに灰が入っていただけで「キャーッ」っと言っていたのが、だんだん食べられるようになるのだそうだ。

　ベトナムから来た女の子は学校になかなかなじめず無口だったが、日に日に活動的になっていき、金曜日に輪になって話した時は、ほかの子と同様に普通に話すことができるようになったという。

● ボートを製作して池に浮かべて乗る

　ヴァルトハウスの代表的なプログラムであるボートを作るプログラムは、メインの建物から100mほど上ったところにあるログハウスを利用して行われる。これは一般の方に開かれている年間プログラムの一つで、敷地内にあるオウシュウモミを切り出して、その木の板から、一週間かけて、ボートとオールを作るのである。ボートは全長約4.8mもあり、5人が乗れる実用的

写真 15・4　完成した手作りボート

写真 15・5　手作りボートの試乗

なものである（写真15・4）。

　ボートが完成すると敷地内にある池で試乗する（写真15・5）。新田純奈さんとともに取材した試乗会の参加者は20人で、作業場で作った七つのボートを池に運び、ボートが無事に浮かぶかの最終チェックをした。小さな子どもも、女の子もみんなで協力して重さ約50kgあるボートを運ぶ。

　我々もボートに乗せてもらった。始めは少し怖かったが、七つのボートすべてが無事に浮かんだ。バランスをつかんだ後は、気持ちよく湖上での散歩を楽しむことができる。参加者も水上散歩を満喫した。

● 経済価値を生みだすことも学ぶ

　日本にも森の生態系や自然のメカニズムについて学び、自然の大切さを認識できる自然学習施設は多く存在している。しかしヴァルトハウスが一歩進んでいるのは、実用的なものや売れるものを作ることで、森や木の利用価値や経済価値について自ら気づくようなプログラム、言い換えれば環境分野と経済分野の課題の同時解決に繋がるプログラムとなっていることである。

　木の板から自分たちで作りあげる。作るものは、おもちゃなどではなく、もっと実用的なものである。このような体験をとおして、森や木に対する価値を再認識してもらうのがこのヴァルトハウスのプログラムの目的だ。また、フライブルク大学に森林科学専攻があり、卒業生や現役学生が、スタッフやボランティアとして関与していることも大きなアドバンテージであろう。

　参加者の一人は言う。「作るのは簡単だったよ。みんな周りの人も助けてくれるしね」。親子で協力して作ることはもちろん、ほかの参加者とも助け合いながら作っていくのだ。人と自然だけでなく、人と人の結びつきも深められることもヴァルトハウスのプログラムの魅力の一つであろう。

第16章 平和と公正をすべての人に

持続可能な開発のための平和で包摂的な社会を促進し、すべての人々に司法へのアクセスを提供し、あらゆるレベルにおいて効果的で説明責任のある包摂的な制度を構築する

　ドイツは日本同様、第2次世界大戦の敗戦国であるが、ドイツ人の大半はナチスが非道な殺戮を繰り返した反省の気持ちを依然として持っており、ドイツの都市を訪れるといたる所で戦争の痕跡を保存しており、決して過去を忘れまいという意気込みを感じる。

　しかしその一方でドイツは世界有数の武器輸出国であり、バーデン＝ヴュルテンベルク州には武器輸出企業の拠点が存在することから、フライブルク市においてはそれに反対する市民運動も活発である。そこで本章では、フライブルク市において幅広いネットワークを基盤に活動する兵器情報センター・リプを取り上げる。

16.1 ローカルな戦略でグローバルな武器貿易に反対
── 兵器情報センター・リプ

●市民の手による軍事産業資料室

　兵器情報センター・リプ（RIB e.V., RüstungsInformationsBüro、以下 RIB）はフライブルク中央駅西側の住宅地の中にあり、駅から10分も歩かない好立地に、NPOとしては広い事務所兼資料室を持っている。幅広く市民に情報提供するために、駅から直近というこの場所を選んだという。中に入ると壁をぎっしりと埋める資料やファイルの数々に圧倒されるが（写真16・1）、ドイツの軍事物資輸出に焦点をあてて情報提供している団体は他に類がなく、研究者などが訪れることもあるという。RIBの取り組みの一番の柱は、ドイツ国内で製造される兵器とその輸出を調査・公表したり告発したりすることで、前身となる団体は1986年から、当団体は1992年から活動している。

●ドイツ企業の武器輸出を告発

　世界の武器輸出はアメリカとロシアが大きなシェアを占めるが、ドイツ

写真16・1　武器輸出に関するさまざまな資料が並ぶRIBの事務所
紙の資料は大部分デジタル化され、サイトなどで公開している

は中国やフランスと並んで上位5ヶ国に入る。当然ながら兵器を作って輸出しているグローバル企業もある。とくにバーデン＝ヴュルテンベルク州内に拠点を置くヘッカー&コッホ社は世界各地に武器を販売していて、RIBの創設者の一人で平和活動家であるユルゲン・グレスリン氏によれば、世界中で殺戮に使われる兵器を販売す

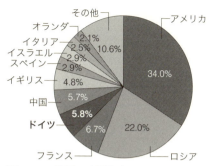

図16・1 世界の武器輸出国トップ10のシェア（2013〜2017年）(出典：ストックホルム国際平和研究所注1)

る会社としてはヨーロッパで最大規模のものだという。RIBが現在とくに問題視しているのはG36という同社の銃で、700万丁以上作られ世界80カ国以上に輸出されたG3の後継器だが、G3と同じような大量生産と拡散を招かないよう、生産・輸出に関するライセンスの取り消しや製造を禁止することを政治家や政府に働きかけている。

　武器が違法に輸出されているケースなどを法廷で訴えることもある。たとえば銃器大手のシグ・ザウアー社が、内戦の続くコロンビアに不法に3万丁のピストルを輸出したとして、2014年、これを地方検察庁に告発した。その後すぐに同社には兵器の輸出禁止が命ぜられた。「活動を始めて30年来、裁判で一回も負けたことがない」とグレスリン氏。過去9年だけでも8件の告発を行い、裁判で争っている。

　G36のような小火器（人間が一人で携帯し操作できる武器）について、ドイツでの生産・輸出が増えていることにも警鐘を鳴らしていて、国内にある12の他団体とともに「小火器をストップするためのアクション・ネットワーク」を発足した。ドイツは国粋主義的な政党AfD（ドイツのための選択肢）の台頭と、それにともなう既存の2大政党の支持率低迷を受けて、難民に対する寛容政策を変更したが、ドイツが輸出している銃器が紛争地で使用され、新たな難民を生みだしている矛盾点を鋭く指摘している。

●ドイツ縦断アクション

　2018年には、核戦争防止国際医師会議（IPPNW）や自由貿易主義的グローバリズムに反対する市民団体アタック（Attac）などと共催で、「平和が行く！」(Frieden geht！、平和は「やっていける」という掛け言葉でもある）というイベントを実施。5月21日〜6月2日の13日間で、約2500人の市民が軍事物質輸出に反対して駅伝形式で歩いたり走ったり、自転車で走行したりしてドイツを縦断した。ヘッカー＆コッホ社の本社に加え、軍事産業を手がけるラインメタル社の工場があるオーバーンドルフ町を出発し、工科大学で核の軍事研究が行われている可能性も指摘されるカールスルーエ市、軍事企業が立地するカッセル市、イェーナ市などの都市を通って首都ベル

図16・2　「平和が行く！」の全行程　(出典：Frieden geht[注2])

リン市までの約1160kmの行程だ。商業都市フランクフルト市が選ばれた背景には、軍事産業に加担する大手銀行のほかに、軍に食料品を提供するネスレ社、軍用輸送車のデザインを支援するポルシェ社、軍用機のための特別な燃料を生産するシェル社の存在がある。フライブルク市もルートに入っていたが、これは軍用飛行機や軍艦・戦車などにボードコンピューターやナビゲーションシステムを提供している会社があるためだ。余談だが、ブンデスリーグに所属するサッカークラブ・SCフライブルクの会長であるフリッツ・ケラー氏はこのイベントの名誉顧問を務めた。

筆者も偶然ながらフライブルク市から、北部に位置するデンツリンゲン町まで10km弱の区間を歩いて参加したが、平和活動でよく見かけるシニ

写真16・2 「平和が行く！」のイベントの様子
(出典：Frieden geht 注3)

ア世代ばかりでなく、若い人が多く参加していたのが印象的だった。

　最後はベルリンでデモを行い、「戦争や人権侵害を行っている国に兵器・軍事物資を輸出しないこと」「小火器や弾薬の輸出禁止」「ドイツの兵器を生産するためのライセンス譲渡の廃止」などの要求を国会議員に提出した。

●株主として企業の責任を追及する

　軍事企業の責任を追求するのにRIBは株主総会も利用する。RIBのメンバーが取得しているヘッカー＆コッホ社の株はほんのわずかなものだが、企業は株主からの質問に答える義務を持っている。この「批判する株主」が参加していなかった2016年は株主総会が1時間程度で終了したそうだが、17年には7人の「批判する株主」から10の質問が寄せられ、4.5時間を要したという。18年には「批判する株主」は13人に増え、200の質問を提出。総会は8.5時間に及んだ。19年は約20人の「批判する株主」が総会に参加する予定だ。

●精力的なネットワークづくり

　RIBは市民への一般的な平和啓蒙活動として、講演やシンポジウム、映画の上映会やデモなども開催している。ヘッカー＆コッホ社の前で非暴力の座り込み抗議などを行うこともある。そのようなイベント以外でも、ニュースレターなどをとおして盛んに情報を発信している。また事務所に保存されている資料・情報などは誰でも閲覧できるようになっている。

　フライブルク市内の他の平和活動グループとの交流も盛んで、とくにRIBが独自の事務所を構えていることから、事務所スペースを借りて活動しているグループもある。

　現在はグローバルなネットワークづくりも手がけていて、武器の貿易に関する情報を英語・ドイツ語・フランス語・スペイン語・ポルトガル語・ロシア語のほか、トルコ語、クルド語、アルメニア語などで公表している。これらの情報は戦争責任を追求するため、とくにジャーナリストにとって

重要なものだとグレスリン氏は話す。「ジャーナリストが記事を書くための情報をなかなか探せないのであれば、私たちのサイトを見て欲しい[注4]」。

　このようなネットワークづくりが不可欠になる背景には、軍事企業のグローバル化という問題もある。ドイツで法律が厳しくなって武器を製造しにくくなったら、企業は別の国に行ってそこで兵器を生産するからだ。実際ドイツの武器輸出量は2013～2017年の期間、2008～2012年の期間と比較して14%減っている[注1]。ドイツ国内だけで活動していても問題の解決にはいたらず、グローバルな連帯が必要だそうで、アジアやアフリカなどにもその輪を広めていきたいという。

● **生徒が自主的に平和デモを実施**

　平和運動というとグローバルな問題で、地域レベル、市民レベルで取り組めることは限られるような感もあるが、RIBの活動はそんな考えを払拭する。とにかく精力的で、大手企業や政府と対峙することもいとわない。何より興味深いのは、RIBの実質的な代表者であるグレスリン氏が実科学校の教師であるということだ。彼が軍事産業への反対活動を行っていることは、フライブルク市のみならずドイツ中に知れ渡っている。本の出版も10を数え、アーヘン市やシュトゥットガルト市などから平和活動に関して顕彰されている。こうしたことは日本ではまずありえないだろう。

　学校で先生をしていて、活動が何か問題視されることはないかと尋ねたところ、「ない。同僚などにはよくやっていると言われる」と笑って答えた。生徒に対しては影響を与えたりしないよう配慮しているそうだが、地理やドイツ語の授業の中で戦争などに関することを話すことはあるという。

　ISによる無差別テロが多く発生した2015年の12月、戦争と暴力に反対して生徒によるデモがフライブルク市で行われ、600人ほどが参加したが、その呼びかけ人となったのは彼が教鞭を取る学校の生徒だった。その際もただ単にテロに反対するのではなく、テロにともなって各国で軍備の強化や市民への監視が進んでいることに警鐘を鳴らし、平和で公正な世界と、

写真 16・3 銃を折るパフォーマンスをするユルゲン・グレスリン氏

差別や外国人を排斥することのないオープンな町・学校を求めたのである。「パリにおける暴力だけが問題なのではなく、全世界における戦争と暴力が問題だ」という生徒の主張には、表面的な事象だけを見るのではなく、その背景も含めた全体を洞察できる能力が必要となる。グレスリン氏のような教師が身近にいることは生徒にとっても大きな意味を持つことだろう。

●日本への警鐘

「自分が活動を始めて30年間ほど、日本はお手本の国だった」とグレスリン氏は取材の冒頭で語ったが、過去形で話しているのは当然、日本が武器輸出三原則を見直して軍事物資輸出国への舵を切ったことを知っているからだ。「武器の貿易というのは汚職や賄賂、違法行為だらけで、裁判を起こしたら私たちは必ず勝つし、企業側は私たちのことを恐れている。しかし企業はそういうことでもしないと取引先が確保できない。日本もいずれその道をたどることになるだろう」と警鐘を鳴らす。

軍事企業から脅迫を受けるのは日常茶飯事だというグレスリン氏。そこで怯んだり委縮したりせずに活動を続ける勇気というのは、これからの日本にとくに必要となってくることだろう。

第17章
パートナーシップで目標を達成しよう

持続可能な開発のための実施手段を強化し、グローバル・パートナーシップを活性化する

　フライブルク市においては、さまざまなパターンのパートナーシップ活動がある。

　前章までに取り上げた事例も、一つの組織で実施されているものはほとんどなく、何らかの形でパートナーシップが成立しているからこそ、その事例が存在するのである。

　しかしここでは改めて、「SDGs先進都市」たるゆえんとして、これまで取り上げてこなかった事例、すなわちヴェンツィンガー実科学校とアイネ・ヴェルト・フォーラムについて紹介したい。

17.1 エコステーションと連携し生徒主体の環境活動を実践
— ヴェンツィンガー実科学校

●エコステーションに隣接する実科学校

ヴェンツィンガー実科学校（レアルシューレ）は、市の西部、ゼーパークという大規模公園の北側に隣接し、500人の生徒、19クラス、45の教師からなる学校である注1。同じ敷地にヴェンツィンガー・ギムナジウムもある。ゼーパークの中にはエコステーション（4章2節参照）という環境学習拠点がすぐそばにあるため、エコステーションが提供する多様な学習プログラムを活用できるという地理的に恵まれた位置にある（図17・1）。

●ソーラークラブ「ヴェンツゾーラー」とのパートナーシップ

ソーラークラブは生徒のクラブ活動の一つで、1997年から始まり、8〜

図17・1　ヴェンツィンガー実科学校の位置

写真 17・1　学校遠景

13 年生が年間 5 〜 10 人参加している。実科学校と隣接するギムナジウムが共同で活動しており、教師が実科学校から一人、ギムナジウムから二人参加し、協議しながら活動しているそうだ。

生徒は太陽光パネルの原理に関する学習をエコステーションにおいて学んだ後、非営利団体「ヴェ

写真 17・2　ヴェンツィンガー実科学校校舎内

ンツゾーラー」(WentzSolar - Verein für Klimaschutz an den Wentzinger - Schulen e.V.)の支援のもと、ソーラーパネルを注文して取り寄せ、学校の屋上に生徒自身で少しずつ設置し管理する（写真 17・4）。ただし電気系統の工事や修理は専門的な作業になるので、近隣の電気工事業者が支援しているそうだ[注2]。パネルの取り付けはおおむね年 1 回で、屋上全面に一度にソーラーパネルを取り付けてしまうと、下の学年の生徒が同じ体験学習をできなくなるの

写真17・3　エコステーション側から見た学校

で、少しずつ設置しているとのこと。発電した電気は売電しており、非営利団体および学校は、売電収入を得ることができる。

　教育上のメリットとしては、環境に関する分野の教材としてもソーラーパネルを活用できることが挙げられる。また、クラブに参加している生徒が参加していない生徒に説明することで、全校の環境意識の向上に寄与しているようである。

● **エネルギー委員会**──エコステーションとのパートナーシップ
　エネルギー委員会（Energiesprecher）は、2005年より始まった生徒の委員会活動の一つである。5～8年生が対象で、各クラス2名ずつが委員に選ばれる。委員に選ばれた生徒は年に4回、エコステーションでエネルギー問題や持続可能性に関する特別授業を受ける。生徒は学んだ内容を学校に持って帰り、掲示や報告などの形でほかの生徒にも伝達する。

写真17・4　ヴェンツィンガー実科学校屋上のソーラーパネル

　また、クラスにおける暖房・換気、消灯などの省エネが適切に行われるよう注意するそうだ。これにより、地球規模の環境問題、グローバルな問題、消費型社会の問題など、現代社会のさまざまな課題を子どもたちが分かりやすい形で理解し、意識するようになる。授業内容はすべてエコステーションが考案し提供しているとのことだ。

●**自由な教育スタイルが多様なパートナーシップを成立させる**

　日本であれば教育施設として教育委員会の管理下に置かれ、むやみにソーラーパネルを設置したり、売電収入を得たりすることはできないであろうが、フライブルク市では外部組織と連携し電気を売ることが許されているのが日本とは違うところだ。

　また、ヴェンツィンガー実科学校やギムナジウムはエコステーションと隣接している利点を活かし、生徒が頻繁に出入りしているのも特徴だ。筆

第17章　パートナーシップで目標を達成しよう　｜　185

写真17・5　たき火に参加する生徒

者が訪問したときも昼休みに生徒がエコステーションのオーガニック・ガーデンに集まり、ボランティア学生とたき火をしていた（写真17・5）。

　自由な教育スタイルが、学校という閉鎖的になりがちな組織での多様なパートナーシップを成立させていると言って良いであろう。

17.2 多様な市民団体の連携でSDGs達成を目指す
― アイネ・ヴェルト・フォーラム

●ローカルアジェンダ21の流れを受けたネットワーク型組織

　アイネ・ヴェルト・フォーラム（Eine Welt Forum Freiburg e.V.）[注3] は、主に平和、人権、南北問題などに取り組む組織である。アイネは一つ、ヴェルトは世界を表し、つまり「世界は一つ」という意味である。もともと東西冷戦時代に西ブロック、東ブロック、それ以外という形で世界を三つに分断する考え方があったが、アイネ・ヴェルトという概念はそれへの反対、とくに「第三諸国」と呼ばれる国々に対する平等なパートナーシップと支援体制の構築を目標に生みだされたものである。

　1992年の地球サミットを契機にフライブルク市でもローカルアジェンダ21を設定し取り組んだが、その流れを受け、持続可能な地域づくりをテーマに活動してきたいくつかの団体が集まって2001年に創立した。このような経緯で設立された団体は、ドイツでも珍しいという。

　他の団体の支援やアドバイスを行ったり、他の団体と協働で活動するいわゆる中間支援組織であり、ネットワーク型の組織である。現在48の加盟グループと数名の個人で構成されている。表17・1に主要な構成団体を示した。SDGsの目標との紐付けは筆者の解釈であるが、ほとんどの目標をカヴァーしていることが分かる。これらの団体は、政治的活動、教育、セミナー、ワークショップなどを行うが、他団体との協働・ネットワークで開催することが多く、他団体の支援そのものが組織の目的である。

●人権・平等から食・農まで―多岐にわたるネットワーク

　アイネ・ヴェルト・フォーラムまたはその加盟グループが開催・関与しているイベントの種類をSDGsの目標別に集計してみると（図17・2）、人権・平等に関するものが圧倒的に多いが、食・農や平和に関するものなど、多

表17・1　SDGs別に見たアイネ・ヴェルト・フォーラムの構成団体例

SDGs番号	SDGs内容	団体名	ドイツ語名称
1	貧困をなくそう	ドイツ・アフガン・イニシアティブ	Deutsch-Afghanische Initiative e.V.
2	飢餓をゼロに	ビジョン・ホープ・インターナショナル	Vision Hope International e.V.
3	すべての人に健康と福祉を	エチオピア・アワッサの子供たちへの援助プロジェクト	Awassa Kinderhilfsprojekt Äthiopien e.V.
4	質の高い教育をみんなに	学生イニシアティブ・ワイドビュー・フライブルク	Studenteninitiative Weitblick Freiburg e.V.
5	ジェンダー平等を実現しよう	国境なき女性弁護士団	Anwältinnen ohne Grenzen e.V.
6	安全な水とトイレを世界中に	インドの援助「水は命」	Indienhilfe - Wasser ist Leben e.V.
7	エネルギーをみんなにそしてクリーンに	ソーラーな未来	Solare Zukunft e.V.
10	人や国の不平等をなくそう	「一つの世界」のための協働	Tukolere Wamu e.V.
11	住み続けられるまちづくりを	フライブルク100％選挙権	Freiburg Wahlkreis 100 % e.V.
12	つくる責任つかう責任	カウフラウシュ：グローバル化と持続可能な消費に関するシティツアー	kauFRausch e.V. - Stadtrundgänge zu Globalisierung und nachhaltigem Konsum
13	気候変動に具体的な対策を	フライブルク市「自然と人間」博物館	Museum Natur und Mensch der Stadt Freiburg
15	陸の豊かさも守ろう	熱帯雨林研究所	Regenwald - Institut e.V.
16	平和と公正をすべての人に	アミカ（紛争地における女性・女子の支援団体）	AMICA e.V.

（出典：アイネ・ヴェルト・フォーラム注4）

岐にわたっている。これは独自の活動分野を持つ加盟グループが多数あるためで、フォーラムのネットワークの広さを表している。具体的には人種差別、移民・難民、女性、子ども、フェアトレード、持続可能な農業、持続可能な交通、開発政策、ディーセント・ワーク（人間らしい働き方）、死、貿易、民主主義、生物多様性、武器、気候変動などをテーマにした集会や講演会、映画上映会などが多いが、それと合わせてオーガニックな食べ物や飲み物を提供したり、ライブ演奏やパレードなど屋外で実施するものも

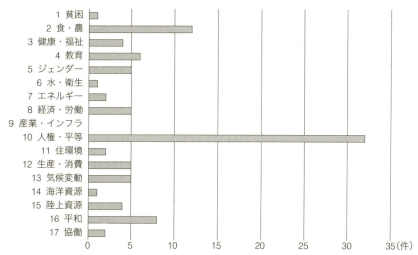

図17・2 アイネ・ヴェルト・フォーラムが関与しているSDGs別イベント数(2017年11月〜2018年12月)(出典:アイネ・ヴェルト・フォーラム[注5])

多い。

　また、遠方や国外から専門家や活動家を招いての講演会も多い。発展途上国の問題を扱う加盟グループが多数あるため、アフリカや中東の問題は多々取り上げられるが、福島原発事故に関しての映画上映や、日本の漫談師兼ジャーナリストの「おしどりマコさん」による講演会も開催されているのには驚く。

　イベントは1日、単発型のものが多いが、毎年開催される「女性に対する暴力に対する16日間」(5章参照)や「世界平等キャンペーン(アイネ・ヴェルト・ターゲ)」、また後述の「世界の食料主権のための行動週間」など1週間以上続くキャンペーンも行われている。また、学校に行って授業を1週間手伝うこともざらである。

　これらに参加した市民は新たな情報に触れ、新たな事実に気づいたり知識を深めたりして、寄付をしたり、周りの人に広げる行動を取っているという。

第17章　パートナーシップで目標を達成しよう　｜　189

●州のSDGsキャンペーンで「飢餓と食糧」を担当

　フライブルク市が含まれるバーデン＝ヴュルテンベルク州の「17ヶ所で17の目標」（17 Ziele an 17 Orten）というSDGsキャンペーン活動で、アイネ・ヴェルト・フォーラムはSDGsの2番目の目標（飢餓と食糧問題）に関するキャンペーン活動を担当している（図17・3）。この「17ヶ所で17の目標」キャンペーン活動にはドイツ全体の団体と繋がっている8人のローカルプロモーターと7人の専門家が関与している。フライブルク市ではアイネ・ヴェルト・フォーラムが受け皿となり、プロモーターもアイネ・ヴェルト・フォーラムから出しているという。このキャンペーンに基づいたイベントはSDGsを前面に出しており、受け皿団体がそれぞれキオスク（案内所）を出している。

　アイネ・ヴェルト・フォーラムは2018年10月16日から21日、飢餓撲

図17・3　「17ヶ所で17の目標」キャンペーン活動の分布 (出典：バーデン＝ヴュルテンベルク州注6)

減と食糧確保を目標に「世界の食糧主権のための行動週間」を行った。食糧主権の背景や概念を知る勉強会を行ったほか、料理やその食材、たとえば豆腐や有機フライドポテト、トマトソースのスパゲッティ、チョコレート、曲がったきゅうりの現物を見たり食べることで、栄養や食糧自給、フェアトレード、有機農業などに関して考えたり、農場見学やアップルジュースを絞る体験、これらに音楽・ダンスや演劇、クイズを絡ませたイベントを1週間にわたり開催した。また、ノボリを建てて普通の市民に知ってもらう工夫もした。

● **多様な協働、SDGs 推進のハブとして**

フライブルク市においては組織間の協働が進んでいることが特徴の一つであるが、アイネ・ヴェルト・フォーラムほど多様な組織と協働している組織はないであろう。

アイネ・ヴェルト・フォーラムのダクマー・グローセ（Dagmar Große）さんは言う。「エコステーションはアイネ・ヴェルト・フォーラムの発起団体の一つで、SDGs に絡んだイベントシリーズを協働実施しています。サマーキャンプを共同実施していたり、子どものエネルギー委員会（前節参照）や、チョコレート・カカオのフェアトレードの学習はエコステーションの建物の中で実施しています。また、フライブルク市は持続可能な地域づくりに関する基金を設置していますが、その運営をアイネ・ヴェルト・フォーラムとエコステーションが共同で行っています」。他の協働相手として、グリーンピース、カウフラウシュなどがあるという。

アイネ・ヴェルト・フォーラムは SDGs に関する州のネットワークでフライブルク市の代表であるとともに、市の中では SDGs の牽引役であり、ハブ（要）である。フライブルク市でもまだ SDGs 達成を意識して目標に掲げている団体は少なく、活動の結果として寄与している団体が多いが、グローセさんは、「SDGs の目標達成が私たちの活動の基礎です」と言い切っている。

日本のネットワーク組織は、環境系、まちづくり系、福祉系などテーマごとのネットワークにとどまっていることが多いが、アイネ・ヴェルト・フォーラムは人権や女性問題といった得意分野以外でも、環境保護や持続可能な消費の問題など、さまざまなテーマを有する団体との協働で活動している。これこそが本書で言うSDGsの"D"、すなわちローカルな課題とグローバルな課題の同時解決を"S"：市民主体で実現する有効な手段であろう。

終章
「SDGs 先進都市」を目指して

　これまで紹介してきた取り組みを踏まえ、本章では、なぜフライブルク市の持続可能性への取り組みが高い評価を受けているか？　「SDGs 先進都市」の成立要因を考察する。そのうえで、「SDGs 先進都市」を目指す日本の自治体はどうしたらいいか？　筆者の考えを述べたい。

1 「SDGs 先進都市」の成立要因

まず、フライブルク市がなぜドイツの中でもっとも持続可能な都市と言われるようになったのか？「SDGs 先進都市」と呼ぶにふさわしいのか？その成立要因について考察しよう。

●高い市民の環境意識と活動への参加意欲

1970 年代、フライブルク市近郊のヴィール村に原発を建設する計画が持ち上がると、反対運動が市民に広がり、大勢の市民が建設現場や市役所前に集まった。これをきっかけに市民自らが学ぶことでエネルギーのオルタナティブ（代替エネルギー）を考えようという機運が強まり、自然エネルギーに関する民間の講義が頻繁に実施された。これが行政にも影響を与え、緑の党成立の一つの源流にもなった。その時代に 20 代ぐらいであったいわゆる「68 年世代」は、社会に対する問題意識を持ち続け、その後の市民運動に大きく貢献し、現在でも寄与している。80 年代に入ると大きな社会的問題となった酸性雨による黒い森の立ち枯れ問題や、車の排気ガス削減活動と相まって、環境先進国ドイツの中でも有数の環境都市へと発展していったのである。

2000 年代に子どもを学校に通わせていた親は、学生としてこれらの反対運動に参加していた者も多いと考えられる。したがって保護者の高い環境意識が子どもにも伝播しており、また保護者と学校が一体となったプロジェクトが多く生まれるベースとなっていると思われる。

●エネルギー関連産業の集積

反原発運動で市全体が盛り上がりを見せると、フライブルク市はドイツ全土において「環境に熱心なまち」というイメージが定着し、企業の進出

意欲が高まった。1978年に郊外でソーラーメッセが開催されたのと相まって、1980年代からソーラーシステムを設計・開発する企業が集積し始める。たとえば、9章で述べたフラウンホーファ研究機構やソーラーファブリック社などがフライブルク市内に進出・設立された。8章で述べたリヒャルト・フェーレンバッハ職業学校のプロジェクト・ベースド・ラーニング（PBL：問題解決型学習）は、これらの企業との連携があってこそ成立していると言って良い。

●コンサルタントや非営利団体の活動の活発化

　反原発運動に参加した学生や、エネルギー関連産業から独立した専門家が、エネルギーに関するコンサルティング会社や市民団体を設立し、省エネ改修や市民出資の再生可能エネルギー導入を主導するようになった。たとえば、13章で述べたNPOエコトリノーヴァをはじめ、エコ研究所、エコンツェプト、フェーザなどである。環境ビジネスに関わる雇用の場も大きく増えた。

　たとえば、4章で述べたシュタウディンガー総合学校のエコワットプロジェクトは、エコ研究所のサポートなしにはできなかったと言って良い。また8章で述べたリヒャルト・フェーレンバッハ職業学校のソーラーパネルの設置もフェーザが市民からの出資を仲介したことで成立している。

●市民活動を支える学習拠点の充実

　フライブルク市や近郊には学校などが安価で利用できる環境学習拠点が多く存在する。たとえば、15章で述べたヴァルトハウス（Waldhaus）、ムンデンホーフ（Mundenhof：子どもが動物とふれあえる市立の動物園）、ホイスレマイヤーホーフ（Häuslemaierhof：子ども・大人向けの農業体験プログラムや休暇プログラムを提供する郊外の農園）、クンツェンホーフ（Kunzenhof：農業や食に関する教育を行ったり、子どもが家畜と触れ合う機会も提供する農園）、それに4章で述べたエコステーションやフォルクスホッホシューレである。17章で

述べたヴェンツィンガー実科学校や4章で述べたシュタウディンガー総合学校をはじめ、市内の多くの学校がエコステーションの提供するプログラムを利用しており、また利用できる環境にあることが最大の強みの一つであると言えよう。また環境問題だけにとどまらず、民間や市の組織がさまざまなテーマで学校への出前授業を行っているうえ、休日などに子どもや大人が参加できるプログラムも提供している。

●学校や教員の自由裁量の大きさ

　日本の場合、学習指導要領で定められた各教科等の授業時間数に縛られ、教員の創意工夫で実施できる授業や特別活動は限定されているが、ドイツでは、どの学校も先生の裁量で自由に授業を組み立てられる割合が大きいことが大きな強みである。また、学校内で再生エネルギーに関する投資や運営をする会社を設立し、収益を学校に還元することも自由に行われている。

　たとえば、7章で述べた独仏ギムナジウムや17章で述べたヴェンツィンガー実科学校では、生徒や地域の住民を含めた会社を設立しプロジェクトの運営を行っている。ヴェンツィンガー実科学校では先生の判断でエコステーションを頻繁に利用しており、5年生はあらかじめ申し込みをすれば、昼休みにエコステーションに行ってプログラムに参加したり、自由に遊べるようになっている。座学よりも体験学習中心であり、また委員会活動や社会的活動に力を入れることで、プロジェクト・ベースド・ラーニング（PBL）が自然と実施されていると言えよう。

●公益性の高い活動を行って当然という市民風土

　フライブルク市民に限らずドイツ国民は、公共性のある市民活動に参加することに熱心である。序章で述べた反原発運動や16章で述べた反武器運動など、政治色を帯びた活動も厭わない。

　ドイツには日本のNPOにあたる「フェアアイン」という形態の市民団

体があるが、ここに入って市民活動を行うことが定着している。フェアアインは7人以上の構成員がいれば作ることができ、社会活動を行うものが多いが、スポーツや文化芸術、防災活動を行うもの（日本の消防団のようなもの）もある。ヨーロッパにおいて、ドイツはもっとも多くの国民がフェアアインに入っている国で、一人平均四つ程度のフェアアインに入っているという。

　日本では行政が担って当然の事業をフェアアインが担っていることも多い（スポーツ振興、青少年の健全育成、託児所運営、子どもの遊び場の管理など）。そのため自治体がフェアアインを財政的に支援している。フライブルク市のこうした市民風土が、7章で述べたようにドイツで初めてサポーターが出資してサッカースタジアムの屋根に太陽光パネルを取り付けるような取り組みを後押ししていることは間違いない。

●大学入学前の若者がボランティア活動を実施

　4章で述べたエコステーションや15章で述べたヴァルトハウスなどの環境学習拠点、3章で述べた森のようちえんホイヴェークでは、大学入学前の若者がスタッフとして働いていた。これは若者の公的組織でのボランティア活動をエフ・エー・ヨット（FÖJ）やエフ・エス・ヨット（FSJ）という仕組みとして国が法制化し、支援しているからできるのである[注1]。ボランティア参加期間は基本的に1年間で、月約200ユーロ（約2万5000円）の小遣い、場合によっては無償の宿泊と食事、児童手当などがもらえる。27歳以下で義務教育を終えた男女は誰でも参加できるが、参加者のほとんどが19〜20歳である。彼らの多くは、将来の進路を決めるための機会として活用しており、病院や介護施設、児童保護施設といった社会福祉分野や、文化・スポーツ・政治などに関わる団体のほか、環境保護団体、農場、自然保護区域といった環境保護分野において若い人材が活躍している。

●計画段階からの市民参加と時宜にあった市民の取り組み

　11章で述べたヴォーバン地区の車に依存しないまちづくりや建築グループによるコーポラティブ住宅に代表されるように、市民が計画段階から参加して市民が行政に先立って計画を作ったり、専門家とともに市が求める基準よりもさらに環境や社会福祉に配慮して住居を作るケースが多く見られる。

　時宜にあった市民の取り組みも特徴で、1992年の地球サミット後にはすぐさまローカルアジェンダ21を策定し、市民がさまざまな取り組みを実践した。2000年代にESDが提唱されると、学校や4章で述べたエコステーション、フォルクスホッホシューレなど社会教育の場でESD（持続可能な発展のための教育）の取り組みが増加した。さらに2015年にSDGsが出てくると2018年にはローカルアジェンダの事務所を閉鎖し、サステナビリティ評議会を中心に実践している。食糧流通委員会もローカルアジェンダを引き継いでやっているなど、ローカルアジェンダの名前は消えても実践の火は消すことがない。

●議会と市民参画で成り立っている持続可能性管理システム

　政治体制について言えば、保守的なドイツ南部にあって前市長や議会第1党が緑の党（革新）であり、保守のCDU（キリスト教民主同盟）と連立を組むことで、超党派に近い形が成立している。したがってグリーンシティコンセプトやSDGsに沿った「持続可能なフライブルク」の推進に、表だって反対する党はいない。

　そして、議会の承認のもと、サステナビリティ評議会が設立され、その提言に基づいて、12の包括的な政策分野と60の持続可能性目標を作成し、市民主導で推進しているのである。評議会のメンバー40人の中にはアイネ・ヴェルト・フォーラムやエコステーション、フォルクスホッホシューレなどの市民団体の代表が15人入っており、年2回開かれる評議会の議論をリードしているという。

アイネ・ヴェルト・フォーラムのダクマー・グローセさんは、「評議会ではグローバルな問題を忘れてはいけないとしつこく言っています。会議の席上でコーヒーをフェアトレードのものに変えるという実践も行うなど、成果も出ています」と言う。委員会の中では立場の違いによる対立は起きないという。

　またフライブルク市役所内に「サステナビリティ管理部門」が設置され、横断的な施策展開のための庁内調整を行っていることも推進要因として挙げられよう。

　ではこれをヒントに、日本の自治体は課題解決のためにどうしたらいいのか？　次節以降において筆者の考えを述べたい。

2　日本における持続可能な地域づくりの課題

●「実質的な市民参加」は、ほとんど実現していない

　11章で紹介したとおり、ヴォーバン地区では、市民が案を作る「拡大市民参加（erweiterte Bürgerbeteiligung）」を「フォーラム・ヴォーバン」が提唱し、「車に依存しない街」が実現した。日本では、一昔前に比べれば、市民参加が進んだように見えるが、まだまだ形式的な市民参加が多いように思う。計画素案に対して市民意見を求める「パブリックコメント」も当たり前のように行われるようになってきているが、「アリバイ」的に聴くだけでお茶を濁す場合が多い。

　一方、市民の側も評論家的なコメントに終始し自分自身が汗をかこうという市民がまだまだ少ない。11章で述べた建築グループのように、自分たちが入居する住まいを設計から専門家と一緒に考えるようなことに慣れていない。むしろ、会社に縛られがちなサラリーマンにはその余裕がないのが実情であろう。そのためパブリックコメントや対話集会なども、自営業の方やシニア世代など、比較的時間の自由やゆとりのある限られた層しか参加しないから、形式的なものになってしまう面もある。

　このように、日本では白紙の段階から市民主体で計画を作り市民主体で実行する「実質的な市民参加」がほとんど実現していないのである。

●真の地方自治も、まだ実現していない

　地方交付税交付金の削減や職員減らしで、日本の自治体はどこも、新たな施策実施に使える政策的予算も新たな施策を立案しその実行に動ける人も少なくなっている。もちろんそんな中でも工夫している自治体はあり、私的な時間を投げ打って実行するスーパー公務員のおかげで素晴らしい取り組みをしている自治体がある。しかし、多くの自治体は国の言いなりだ

ったり、他の自治体との横並びで取り組んでいるところが多い。自らの政策を自らの意思で選択し実行するという、真の地方自治が成立している自治体や政策分野は、まだ少数なのである。2050年には小規模市町村では人口がおよそ半分に減少し、居住地域の2割は人が無居住化するという予測もある中で[注2]、他自治体と横並びのことをやっていてはたして生き残れるであろうか。

しかし、良い徴候もある。2016年4月より電力の小売が自由化されたのにともない、自治体や自治体が出資した電力小売会社が次々と生まれている。また富山市など、交通政策を市が主導している自治体も現れている。今まで手を出しにくかったエネルギー政策と交通政策に踏み出す自治体が増えていることは、望ましい傾向である。

さらに言えば、真の地方自治とは行政主導ではなく、市民主導でなければならない。日本の自治体では、選挙によって首長や議員を選んでいるから、一見市民が政策の方向を決めているように見える。しかしフライブルク市民のように、自らの意思で原発でなく再生可能エネルギーを選び、自ら実践しているような事例が、日本にいかほどあるであろうか？

エネルギー分野ではこのような形態を「エネルギー自治」と言っている。市民出資による市民共同発電所や地元企業を中心とした電力小売会社の設立は良い傾向であるが、市民がエネルギー問題を自分自身の問題と考え、市民電力を支援しようとする輪が広がっておらず、「エネルギー自治」の地域社会が成立しているとは言いがたい。

3 「SDGs 先進都市」に向けての日本流の取り組みのアイデア

さて、筆者の考える「SDGs 先進都市」像を改めて以下に書いてみよう。

> S：市民主体の取り組み
> D：同時解決の取り組み
> G：世代を超えた目標（ゴール）に基づく取り組み
> s：世界と繋がった取り組み

「SDGs 先進都市」になるためには、本書で紹介した事例を参考にしつつ、前節で述べたような状況を打破しなければならない。しかし、政治や行政の仕組みの違い、働き方や住まい方の違いが大きすぎて、そのまま取り入れることは不可能である。そこでここでは、持続可能な社会を日本にあった形で実現するための、筆者流のアイデアをいくつか示させていただきたい。

S：市民主体の取り組み─SDGs 視点を持った市民の支援

本書で紹介したフライブルク市のほぼすべてが、市民主体もしくは市民主導の取り組みである。日本では市民団体やコーディネーター、コンサルタントが育っていない。育たない最大の原因は、経済的に自立できず職業として成立していない、つまり食べていけないから、働き盛りの人間や若い世代がなかなか NPO の専任スタッフになれないのである。また経済的な問題とともに、NPO の社会的地位が低いことも理由に挙げられよう。

一方多くの市民団体が、メンバーの高齢化・固定化に悩んでいる。市民社会を自分たちの手で作ってきたという自負と頑固さは素晴らしいが、その手法が時代に合わなくなってきている面もある。市民主導で SDGs 活動を推進するためには、複数課題の同時解決や他団体・次世代との連携といった「SDGs 視点」を持った組織・個人へと脱皮していく必要がある。し

たがってそのような市民社会を形成するために、①人や組織の能力開発（キャパシティ・ビルディング）と、②物的・財政的支援制度の確立、③連携基盤の整備が不可欠である注3。

　そこでまず「SDGs視点」を持った組織・個人の育成のために、「SDGs視点」とは何かや、「協働プロジェクト」とは何かを学ぶ場や機会を提供する。形式としては著名な専門家を招いての講演会も良いが、団体相互の討議をふんだんに盛り込んだ「学びあい」ワークショップに時間を割くほうが良い。この学びあいの中から協働事業のアイデアが生まれたり、市民・企業・行政の繋ぎ役になる組織＝中間支援組織が生まれていくことが期待される。現状では㈳SDGs市民社会ネットワークなどが全国レベルの中間支援組織として存在するが、このような組織が地域ごとに誕生することが望ましい。全国に500ヶ所あると言われる市民活動支援センターが、「SDGs視点」を持つ中間支援組織として最有力であろう。

　財政的支援制度としては、全国レベルでは地球環境基金などの市民団体へ助成する財団が、自治体レベルでは協働事業提案制度があるが、「SDGs視点」を持った事業を優先的に採用し、かつ支援額を拡大するなどのインセンティブを付けると良い。また行政の直接支援とともに企業等から寄付を募り基金化し、運用事務を中間支援組織に委託し、中間支援組織を通じて「SDGs視点」を持った取り組みに助成することで、行政・市民団体双方の事務負担を軽減することも考えられる。財源としてふるさと納税や休眠預金を活用することも考えられるであろう。

　連携のための基盤整備としては、同じ問題意識を持った組織・個人がどこにいるかを知る手がかりが欲しい。内閣府が創設した「地方創生SDGs官民連携プラットフォーム」はとくに企業と自治体のマッチングの役割が期待される。また立命館大学と芝浦工業大学の学生が中心になって進める「マイSDGs宣言」学生キャンペーン活動や、環境自治体会議（環境に関心のある自治体の連合組織、2020年度にSDGsに関する団体に衣替えする予定）が始める自治体職員向け「マイSDGs宣言」注4キャンペーンは、自治体と若い

世代のマッチングの役割が期待される。さらにNPOの活動拠点として各地に市民活動センターが存在するが、SDGsに関する意見交換や連携・協働事業を生みだす拠点としての機能も備えられるよう、施設の指定管理者を募集する際の提案事項に含めると良い。

D：同時解決の取り組み——"人・モノ・カネ"の奪い合いから分かち合いへ

「複数課題の同時解決」。これは「誰一人取り残さない」とともによく語られるSDGs推進のキーワードである。1章で述べたヴァインガルテン地区や13章で述べたヴォーバン地区の取り組みは、SDGsの1番目の「貧困」、3番目のお年寄りの「健康・福祉」や「子育て」、7番目の「エネルギー」、10番目の多民族・多文化共生、11番目の「持続可能な居住」などを同時に解決するものであった。その際には組織どうしが競合するのではなく、上手に連携・役割分担することで、SDGsの複数の目標に関係する課題を決する解決する取り組みを実施していた。

行政の取り組み中心の日本では、部署間の"市民の奪い合い"が起きており、同じ市民が複数の委員を掛け持ちしている例が多い。これは社会活動を行っている市民の絶対数が少ないだけでなく、行政の縦割りにより複合的な政策が実施できていないことが理由である。施策・事業を複数の課題解決に繋がっているかどうかを一つ一つ検証したうえで、それに関わる市民も行政担当者も一本化していく、"人"の分かち合いを行うべきと考える。

また、"モノ"の面では行政財産や教育財産の相互活用や市民利用をさらに進めていくことが必要である。すでに学校の市民利用や、学校と高齢者福祉施設の合築など複合施設化が新たな交流を生んでいるケースも見られる。今後は複数領域にまたがるような事業や市民活動が増えていくとすれば、従来の考え方では隙間にこぼれそうな取り組みを「うちの施設の使用目的になじまない」と拒むのではなく、むしろ複合的な取り組みを受け入れた施設には予算を増額するなどのインセンティブを付けることで促進していくと良いと思われる。

一方"カネ"の面でも、ある部門で得た利益を他の目的に利用することも柔軟に行っていきたい。フライブルク市では第3セクターのバーデノーヴァがエネルギーの販売で得た利益の一部を、交通公社であるVAGに流して公共交通の充実に充てている。日本でも分野を超えて、持続可能な地域づくりを進めるために必要な分野に投資するようにしたいものである。

　さらに、"人・モノ・カネ"の分かち合いは、一つの行政区域にとどまらない。「地方創生総合戦略」をすべての都道府県や市町村が策定し、移住や子育て支援に関する数値目標（KPI）を設定しているが、これらの数字を積み上げたらとんでもない数字になる。つまり総人口が減少する中、限られたパイを奪い合い、勝ち組と負け組が出るだけである。事実、高齢者福祉や子育てサービスなどの拡大合戦、キャラクタを活用したシティーセールス、ふるさと納税の返礼品合戦などにより、自治体間で激しい消耗戦が巻き起こっており、日本全体で見ると持続可能性を高める方向に働いているとは言いがたい。

　そこで、人的資源、物的資源を奪い合うのではなく、持続可能な地域づ

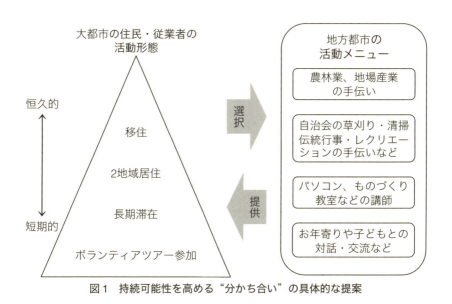

図1　持続可能性を高める"分かち合い"の具体的な提案

くりの担い手を互いに融通し合う"分かち合い"が必要であると考える[注5]。地方に位置する市町村を例にとろう。人的資源に関しては、定住人口や移住人口を増やすのではなく、社会活動に参加する人たちを増やすことを推奨したい。たとえば地方創生総合戦略で設定するKPIとして、「2地域居住人口」や、ワーキングホリデー・インターンなどによる「長期滞在人口」、ボランティアツアーを企画しそれへの「参加人口」(総務省のいう「関係人口」)を目標とするなど、多段階に目標を設定することが考えられる。この"分かち合い"の具体的な提案として、図1のようなものが挙げられる。これらの活動は対象を絞ることも考えられる。たとえば参加者をこれまでつきあいのある姉妹都市に限定するとか、特定の大学と提携し、大学生に限定した学びのツアーを企画するといったことも考えられる。

"分かち合い"によって日本の自治体が持続可能性を互いに高め合っていき、フライブルクのヴォーバン地区のコーポラティブ住宅に住む人々やヴァインガルテン地区のおばあさんのように、地方都市に住む人々が達成感を持って楽しく暮らすことができる時代が持続することを期待したい。

G：世代を超えた目標（ゴール）に基づく取り組み
　―若い世代が持続可能な地域づくりにリアルタイムに関わる仕組みを整備する

前節で述べたように、ドイツでは義務教育を終えた若者の長期ボランティア活動を促進する仕組みを法制化しているため、3章、4章、15章などで紹介した環境学習拠点や幼稚園で、大学入学前の若者が最大1年間スタッフとして働き、戦力になっていた。日本でもこのような制度が必要だが、すぐに実現はしないであろう。

そこで、高校や専門学校、大学において、このような長期のボランティア活動を授業の一部にしていくことが考えられる。近年、少子化の影響でとくに農山村や地方に位置する高校や大学は、生き残りをかけて地域貢献活動をカリキュラムに組み入れているところが増えている。たとえば岡山

表1 矢掛高校における環境・ESD関連科目の年間スケジュール概要（2014年度）

	全コース・科	環境CQ※ 普通科探究コース		やかげ学 普通科総合コース		課題研究 地域ビジネス科	
	1年	2年	3年	2年	3年	2年	3年
4月	自己分析、環境入門、職業研究	テーマ設定、探究活動、全国学生コンテスト応募	環境CQのまとめ（個別の進路に応じた進路開拓活動）	矢掛町を知る	施設実習（1年間のインターンシップ）	目的設定、学習計画作成	目的設定、学習計画作成
5月							
6月							
7月	大学研究、進路選択						
8月				引き継ぎ会	引き継ぎ会		
9月		テーマ設定、探究活動、成果報告	具体的な受験準備（個別の進路に応じた進路開拓活動）	施設実習（1年間のインターンシップ）	成果のまとめ、プレゼン資料作成、やかげ学発表会	作品制作、資格取得のための学習	作品制作、資格取得のための学習
10月	身近な環境問題、持続可能な社会について						
11月							
12月							
1月	持続可能な社会づくりへの貢献（進路と仕事）を考える、プレゼン資料作成・発表	持続可能な社会づくりへの貢献（進路と学部）を考える	3年間の成果と課題の確認		やかげ学の成果と課題の確認	成果のまとめ、発表	成果のまとめ、発表
2月				中間報告			
3月							

※CQ：キャリア・クエスト　職業教育の意味

　県立矢掛高校では「やかげ学」という学校設定科目の一環で、2年生の2学期から3年生の1学期の1年間にわたる長期のインターンシップを実現している（表1）[注6]。筆者の属する芝浦工業大学環境システム学科でも学科独自のSDGsを教育方針に掲げ、授業の一環で地元商店街や地方農山村、東日本大震災被災地でのボランティア活動を実施している。

　こういった活動を受け身でなく主体的に行う次世代の育成には、小中学校など義務教育の段階で既に地域との連携による体験・実習型の活動が必要であろう。しかし忙しい学校現場においては、これらにとても対応できない。地域の人材や自治体職員を講師やコーディネータとして活用しいくことが必須である。それにはフライブルク市内の学校のように、一律の学習内容にとらわれず、カリキュラムの自由度を高め、外部の人間が出入り

できる開かれた学校にしていく必要があろう。また、政治的な課題もシチズンシップ教育の一環として躊躇なく取り上げることも必要である。

　岡山県矢掛町ではESDの取り組みが、「YKG60」(㈳やかげ小中高こども連合、代表：井辻美緒さん) という小中高校生が一緒になって地域活性化や環境問題に取り組むグループを生んだ。地域づくりの将来の担い手育成を唯一の目的にするのは限界がある。フライブルク市においても、ボランティア活動や学校教育を受けた人間がフライブルク市にとどまっているとは限らないし、逆に他地域から来た若者が担い手になっている場合も多い。日本でも地方都市に若者を引き留めるという発想ではなく、若い世代が学びながらリアルタイムで実践する仕組みを整備し、人が入れ替わっても活動が継続することを目指すことが現実的ではないか。

s：世界と繋がった取り組み
　　　　　　　　　―持続可能な地域づくりのノウハウを諸外国支援に活かす

　"誰一人取り残さない"というSDGsの目標は、国内よりもむしろ途上国での達成が強く望まれている。そこでここでは、企業や自治体が途上国の支援活動を行ったり、ビジネスとして展開することが重要である。たとえば水分野について、外務省のODA案件を集計すると[注7]、東アジア、サブサハラ・アフリカ、中南米、南アジア、中東・北アフリカにおいて、上水

写真1　YKG60の活動の様子　(提供：井辻美緒氏)

道や給水施設の整備などの利水や、ダム開発などによる治水、浄化施設設置などの環境保全が行われている。

　一例を挙げると、北九州市が行っているカンボジアにおける「水へのアクセス」改善支援の取り組みは、日本の自治体の水道整備のノウハウを活かし、途上国でビジネスを展開するマーケットがあることを示していると言える[注8]。また、豊かな水の町である福井県大野市が、「水の恩返し」活動（Carrying Water Project）の一環として、東ティモールの給水設備の設置を支援しているのも好例と言えよう[注9]。

　さらに、二つの町が連携して行った取り組みもある。日本初で唯一の「公立日本語学校」を営む北海道東川町の留学生が、「リサイクル率日本一の技術」を有する鹿児島県大崎町において、リサイクル技術を学ぶ研修プログラムを受けるものである。これは、これまで二つの町が培ってきた知識・経験を出し合い、連携することで、世界の国々の持続可能な地域づくりに貢献している好例である。この資金の確保にクラウドファンディング型ふるさと納税を活用している点も興味深い。

　平和や差別への貢献についても、日本の自治体が取り組んできた同和問題の取り組みが応用できる可能性がある。自分の組織や地域の既存の課題を、"世界共通の課題"として認識し、世界の課題解決に貢献していることを地域内外に印象づけることで、予算や人を獲得すべきではないか。

写真2　東川町と大崎町による留学生研修の様子 （提供：大崎町）

フライブルクのSDGs関連年表

年	出来事	章
1457	アルベルト・ルートヴィヒ大学フライブルク（フライブルク大学）設立	
16世紀	フライブルク大聖堂完成	
1875	「ホテル・ヴィクトリア」建造	12
1899	「フライブルク市交通公社」の前身会社が設立される	11・1
1901	馬車鉄道を電車に置き換え、最初のLRT路線が開通	11・1
1919	「フォルクスホッホシューレ・フライブルク」創立	4・3
1920	「リヒャルト・フェーレンバッハ職業学校」創立	8・1
1944	第2次世界大戦で旧市街の約80％が焼失	
1970年代	ヴィール村に原発を建設する計画が持ち上がり、反対運動が起きる	序
1970	「シュタウディンガー総合学校」創立	4・1
1973	中心部への車の乗り入れを制限する	11・1
1976	「ヴェルトラーデン・ゲルバーバウ」の運営を担う南北フォーラムがNPO法人化	10
1978	「ソーラーメッセ」が郊外で開催される	8・2
1980年代	ソーラーシステムを設計・開発する企業が集積し始める	8・2
1981	「フラウンホーファー研究機構太陽エネルギーシステム研究所」設立	9
1984	「環境カルテ（環境定期券）」を導入	11・1
1986	「地域エネルギー供給コンセプト」を制定	序
1986	「エコステーション」創立	4・2
1986	「兵器情報センター・リプ」の前身の団体設立	16
1989	「フォーラム・ヴァインガルテン」設立	1
1991	「環境カルテ」を「レギオカルテ（地域定期券）」に置き換える	11・1
1992	「低エネルギー建築仕様条例」を制定	序
1992	ドイツの「環境首都」に選定される	序
1992	ヴォーバン地区がフランス軍から返還される	11・2
1993	「リヒャルト・フェーレンバッハ職業学校」の研究棟「ソーラータワー」完成	8・1
1994	サッカースタジアムのソーラーパネルを市民出資で設置	7・1
1995	市民が「フォーラム・ヴォーバン」を結成	11・2
1996	「気候保護コンセプト」を制定	序
1996	「ソーラーシティ・コンセプト」を制定	序、7・1
1996	「オールボー憲章」に署名	序
1996	フライブルク初の「森のようちえん」設立	3
1997	「ヴェンツィンガー実科学校」の「ソーラークラブ」設立	17・1
1998	「シュタウディンガー総合学校」内に「エコワット株式会社」を設立	4・1
1999	「レギオヴァッサー」設立	6
1999	「廃棄物管理・清掃公社（ASF）」設立	12
2001	エネルギー・インフラ公社「バーデノーヴァ」設立	8・2
2002	「独仏ギムナジウム・ソーラー協会」設立	7・2
2004	「ホイヴェーク森のようちえん」設立	3
2004	「アイネヴェルト（世界は1つ）フォーラム」創立	17・2
2006	「サステナビリティ評議会」創立	序
2006	ヴォーバン地区にLRTが開通	11・2
2008	「交通開発計画2020」を制定	序
2008	「独仏ギムナジウム」内にソーラー会社「スコレア」の設立	7・2
2008	「連邦建築グループ協会」設立	11・3
2008	「ヴァルトハウス」設立	15
2009	議会が12行動分野の「持続可能な発展政策」を可決	序
2009	「ガルテンコープ」創立	2
2009	LRTの電力が100％グリーン電力となる	11・1
2010	ドイツ連邦の「気候保護首都」に命名される	序
2011	市役所内に「サステナビリティ管理部門」が設置される	序
2012	「ドイツ持続可能賞」の大都市部門で1位となる	序
2012	60の持続可能性目標を制定	序
2012	第1回の「女性への暴力に反対する16日間」が開催される	5
2013	有限責任会社「ヴェルトラーデン・ゲルバーバウ」を設立	10
2014	「フェアトレードタウン」として認定される	10
2015	「魚のない寿司」発足	14
2016	SDGsを反映した「持続可能性目標」の修正案を決議	序
2016	プラスチックカップのデポジットを開始	12
2017	SDGsと結びついた新たな「持続可能性目標」が採択される	序
2019	中心部を南北に縦断するLRTの新線が開通	11・1

注記一覧

序章

1： 国連（2015）『持続可能な開発のための2030アジェンダ』外務省仮訳、p.36
2： フライブルク市フリーGISなどを元に作成 https://stadtplan.freiburg.de/
3： ドイツ都市監査 Beiträge zur Statistik September 2016 Urban Audit: Lebensqualität aus Bürgersicht 2015 - Deutsche und europäische Städte im Vergleich より作成
https://duva-server.de/UrbanAudit/
4： 飛田満（2009）『ドイツ・フライブルク市のエネルギー政策』、飛田満（2010）『ドイツ・フライブルク市の地球温暖化対策』。目白大学人文学研究に詳しい
5： 「オールボー憲章」は1994年にデンマーク北部の都市オールボーで制定された。自治体や市民が環境・社会・経済面で持続可能なコミュニティを形成する責務を負っていることを宣言したもので、ヨーロッパ全域で2500以上の自治体によって署名されていた。2004年にはその発展形として「オールボーコミットメント」をヨーロッパ全土に呼びかけられ、フライブルクもこれに加盟した
6： アジェンダ21―持続可能なフライブルク
https://www.freiburg.de/pb/,Lde/229040.html
7： Das Agenda 21- Büro für nachhaltige Entwicklung
https://www.freiburg.de/pb/,Lde/229044.html
8： フライブルクの持続可能性目標（Freiburger Nachhaltigkeitsziele）
https://www.freiburg.de/pb/206112.html
9： アジェンダ21―持続可能な発展事務局（Das Agenda 21 - Büro für nachhaltige Entwicklung）
https://www.freiburg.de/pb/,Lde/206112.html
10： SMART基準とは、Specific：具体的、Measurable：測定可能、Achievable：達成可能、Realistic：現実的、Time-based：期限の設定に則った基準のことである

第1章

1： 所得四分位階級の第一部位の割合。フライブルク市民意識調査結果2016による
http://fritz.freiburg.de:8080/Informationsportal/
2： フライブルク市市民サービス・情報処理局（2013）『市民調査結果2012』（Amt für Bürgerservice und Informationsverarbeitung der Stadt Freiburg im Breisgau：Ergebnisse der Bürgerumfrage 2012）、p.212から抜粋

第2章

1： ガルテンコープ・フライブルクホームページ：http://www.gartencoop.org/tunsel/
本章は新田純奈さんと共同取材した結果などを環境自治体白書に記載したものを加筆修正したものである。中口毅博・新田純奈（2018）「ドイツ・フライブルク市の持続可能な生産と消費と生産の事例」『環境自治体白書2017-2018年版』所収、pp.64-79
2： ガルテンコープの経済状況によっては例外もある。また、年会費に関しては、会員自らが出資したいと思う金額を納めることができる。会費をお金で払う代わりに積極的に農業活動に参加する形をとっている会員もいる。重要とされるのは、1人から得る金額ではなく、総額として1年に必要とされる28万ユーロの経費を会員全体から調達することである
3： こちらに関しても、団体運営として必要とされる1300時間分の活動を会員全体の活動時間から得ることを重視しているため、一人あたりの活動義務時間が厳格に決まってい

るということではない。つまり、自分が関わりたいだけ関わることができる

第3章
1： ペーター・ヘフナー、佐藤竺訳（2009）『ドイツの自然・森の幼稚園：就学前教育における正規の幼稚園の代替物』公人社をもとに作成

第4章
1： バーデン新聞（Badische Zeitung）より
https://www.badische-zeitung.de/freiburg/neubau-der-staudinger-gesamtschule-soll-2025-fertig-sein--168338180.html
2： Dieter Seifried(2007)気候変動緩和のための費用（Making Climate Change Mitigation Pay ECO-Watt）
http://www.eco-watt.de/fileadmin/user_upload/pdf/proj_eng.pdf
3： シュタウディンガー総合学校ホームページを改変
http://www.staudi.fr.schule-bw.de/（2015年9月4日訪問）
4： Fesa(2015)エコワット─市民の省エネ発電所("Eco-Watt"-Das Bürger-Einsparkraftwerk）
http://fesa.de/index.php?id=25
5： アルムート・ヴィッツェルさんへのヒアリングは2015年9月4日に学校を訪問して行った
6： Staudinger Gesamtschule(2011)フライブルク学校SEIS調査（SEIS-Erhebung Bildungsregion Freiburg）2011年と2017年Y高校生徒アンケート調査を比較した。前者は4段階評価、後者は6段階評価であるため、比較可能なように100点満点に換算している
7： 緑の教室（Das Grüne Klassenzimmer）エコステーションホームページより
https://www.oekostation.de/de/gruenes_klassenzimmer/index.htm
8： エコステーションのラルフ・フーフナーゲル所長のインタビューは、2018年9月10日に行った
9： フォルクスホッホシューレ・フライブルクホームページより
https://vhs-freiburg.de/index.php?id=274
10： フォルクスホッホシューレ・フライブルクのプログラム冊子（2109）p.1
https://vhs-freiburg.de/fileadmin/user_upload/programmheft.pdf

第5章
1： 「女性への暴力に反対する16日間」2018年度のプログラムより
https://www.16days-freiburg.de/programm/2018
2： MENSCHENRECHTE3000 e.V. 私たちの活動2013（UNSERE AKTIVITÄTEN 2013）より
http://menschenrechte3000.de/content/unsere-aktivitaeten-2013
3： ジェンダー・ギャップ指数は、経済、教育、健康、政治の四つの分野のデータから作成され、0が完全不平等、1が完全平等を意味している。1～5位は順にアイスランド、ノルウェー、スウェーデン、フィンランド、ニカラグアである
内閣府男女共同参画局（2019）『共同参画』2019年1月号
http://www.gender.go.jp/public/kyodosankaku/2018/201901/201901_04.html

第6章
1： レギオヴァッサーの代表者ニコラウス・ガイラー氏へのインタビューは、2019年2月22日に行った

2： WWF（2018）『「ドイツ水域の現状―ドイツ各州におけるEU水政策枠組み指令の取り組み」報告書』(ZUSTAND DER GEWÄSSER IN DEUTSCHLAND Umsetzung der EU-Wasserrahmenrichtlinie in den Bundesländern)、p.56
https://www.wwf.de/2018/november/gewaesserzustand-kritisch/

第7章
1： 私たちの発電所の位置（Die Standorte unserer Kraftwerke in BW）エコシュトロームホームページより
https://www.oekostrom-freiburg.de/
2： バーデノーヴァホームページより加工
https://www.badenova.de/web/de/privatundgeschaeftskunden/index.jsp（2019年4月1日以前に閲覧）
3： エコシュトローム会長のアンドレアス・マルコフスキーさんへのヒアリングは、2014年9月11日、名古屋大学ヨーロッパセンター（European Center of Nagoya University）で行った
4： 本章は2014年9月11日の訪問取材に基づく
5： 独仏ギムナジウムホームページ
http://www.dfglfa.net/dfg/fr/
6： スコレアホームページ
http://www.scolaire.de/?page=scolini（2019年4月1日以前に閲覧）
7： エコトリノーヴァ（2015）33 kWの太陽光発電システムを備えた生徒社スコレア（Schüler-Firma S（c）olaire mit 33 kW-PV-Anlage）
http://www.ecotrinova.de/downloads/090804dfreiburgdfgscolaireinfo.pdf

第8章
1： リヒャルト・フェーレンバッハ職業学校ホームページ
http://www.rfgs.de/
2： エコトリノーヴァ（2013）リヒャルト・フェーレンバッハ職業学校―再生可能エネルギーを駆使して（Richard-Fehrenbach-Schule Freiburg : Rundum mit erneuerbaren Energien）
http://www.ecotrinova.de/downloads/090903dfreiburgrfschuleinfob.pdf
3： バーデノーヴァ（2018）環境・持続可能性報告書（Ökologie und Nachhaltigkeitsbericht 2017）、p.24
https://www.badenova.de/web/Downloads/Unternehmen/Aktuelles-Presse/Publikationen/%C3%96kologie-Nachhaltigkeitsbericht/%C3%96kologie-und_Nachhaltigkeistbericht_2017.pdf
4： 同上、p.8より加工
5： 同上、p.8より加工
6： 同上、p.12より加工
7： 同上、p.12より加工

第9章
1： フラウンホーファー研究機構太陽エネルギーシステム研究所（2019）研究プロジェクト一覧より分類・集計
https://www.ise.fraunhofer.de/en/research-projects.html?q=categories:ISE/gf/solarthermie&cp=1&offset=30
2： フラウンホーファーISEのホームページより
https://www.ise.fraunhofer.de/en/business-areas/solar-thermal-technology/thermal-collectors-

and-components.html（2019 年 4 月 1 日以前に閲覧）

第 10 章
1： ドイツ国営ラジオ放送 Deutschlandfunk Nova　2018 年 10 月放送「Keine fünf Cent pro Tasse für Kaffeebauern」
https://www.deutschlandfunknova.de/beitrag/kaffee-kaffeebauern-verdienen-schlecht
2： GEPA のホームページより
https://www.gepa.de/fileadmin/user_upload/Info/Produktinfo/Musterkalkulation/Musterkalkulation-Bio-Cafe-APROLMA.pdf
3： フェアトレードタウンホームページより
www.fairtrade-towns.de
4： ヴェルトラーデン連盟(2016)『ドイツにおけるヴェルトラーデンの経済的状況（Die wirtschaftliche Situation der Weltläden）報告書』
https://www.weltladen.de/#downloads
5： フェアトレード・フォーラム（Forum Fairer Handel e.V.）(2018) が外部組織に委託した消費者アンケートによる
https://www.forum-fairer-handel.de/fairer-handel/verbraucherbefragung/

第 11 章
1： フライブルク都市公社グループ構造（Stadtwerke Freiburg GmbH KONZERNSTRUKTUR）
https://www.freiburg.de/pb/site/Freiburg/get/params_E1672448525/1330547/STW_Konzern.pdf
2： 駐車のコンセプト（PARKRAUMKONZEPT freiburg）
交通開発計画 2020（PlanungenVerkehrsentwicklungsplan）図集（2008 年）より
https://www.freiburg.de/pb/site/Freiburg/get/documents_E-19813113/freiburg/daten/verkehr/vep/Anlage%20A13-3%20Parkraumkonzept.jpg
3： フライブルク市 (2019) 統計サイト Quelle: Freiburger Verkehrs AG, Erstellt am 03.05.2019 um 23:23:16, ©Amt für Bürgerservice und Informationsmanagement, Stadt Freiburg
https://fritz.freiburg.de/asw/asw.exe?aw=Verkehr/JB_VAG_befoerderte_Personen
4： 交通公社 (2019) 路線図（Liniennetzplan）
https://www.vag-freiburg.de/fileadmin/vag_freiburg_media/downloads/netzplaene/VAG_Liniennetzplan.pdf
5： パークアンドライドの位置（P+R-Standorte Stadt Freiburg）
交通開発計画 2020（PlanungenVerkehrsentwicklungsplan）図集（2008 年）より
https://www.freiburg.de/pb/site/Freiburg/get/documents_E-1970951778/freiburg/daten/verkehr/vep/Anlage%20A12%20P%2BR-Standorte.jpg
6： 交通公社の広報官であるアンドレアス・ヒルデブラントさんへのヒアリングは、2014 年 11 月 4 日に行った
7： ドイツのモビリティ（Mobilität in Deutschland：(MiD) 連邦交通・デジタルインフラ省（Bundesministerium für Verkehr und digitale Infrastruktur (BMVI)）より加工。本データは遠藤俊太郎氏から提供を受けた
https://www.bmvi.de/SharedDocs/DE/Artikel/G/mobilitaet-in-deutschland.html
8： フライブルク市 (2019) Einwohner nach Bevölkerungsstatus, Wohnungsstatus, Alter, Geschlecht und Staatszugehörigkeit（人口状況、住居状況、年齢、性別および国籍による人口）より加工

https://fritz. freiburg. de/Informationsportal/
9： フライブルク市（2012）ヴォーバン交通（Vauban Verkehr）より加工
https://www.freiburg.de/pb/site/Freiburg/get/params_E-455690012/412563/Verkehrsberuhigung.pdf
10： Hartmut Wagner & Reinhold Prigge（2011）ドイツ・ヴォーバンに暮らす―建築グループが作る未来の生活空間（Wohnen im Vauban - Wie Baugemeinschaften einen Stadtteil der Zukunft gestalten） 映画「ドイツ・ヴォーバンに暮らす」の中でのインタビュー
11： 市民調査 2016（Burgerbefragung 2016 Ergebnisse Stadtbezirke）フライブルク自治区 http://fritz.freiburg.de:8080/Informationsportal/ からデータをダウンロードし加工
12： 連邦建築グループ協会（Bundesverband Baugemeinschaften e.V.）ホームページ
https://www.bv-baugemeinschaften.de/
13： 太田尚孝・エルファディング ズザンネ・大村 謙二郎（2014）「ドイツのコーポラティブハウス（Baugemeinschaft）を用いた都市再生の実態と課題に関する研究―ハンブルグ市を事例に―」都市住宅学 84、pp.109-114
14： ネイチャー・コンセプト（2018）ヴォーバン図集―フライブルクの持続可能な生活のためのモデル地区ヴォーバン（Vauban im Bild - Infos aus Freiburgs Modellstadtteil Vauban zum nachhaltigen Leben）からの情報
http://www.vauban-im-bild.de/infos_vauban/baugruppen.php
15： 村上敦（2007）『フライブルクのまちづくり―ソーシャル・エコロジー住宅地ヴォーバン』学芸出版社、p.256 より作成
16： ゾーラーレス・バウエン社プレゼン資料より作成（2015 年 9 月 2 日ヒアリング時）
17： 2015 年 9 月 2 日（水）9:00 〜 11:00、ソーラーインフォセンターでのヒアリングによる
18： 2019 年 2 月 19 日 10:00 〜 12:00、ブルデンスキーさんの事務所でのヒアリングによる

第 12 章

1： ドイツ政府は、1986 年にごみの発生を極力抑制することを主眼とする「廃棄物の発生回避および適正処理に関する法律」、1991 年に「包装材政令」（包装・容器の発生回避に関する政令）、1994 年に「循環経済・廃棄物法」（循環経済の促進および環境に調和する廃棄物の処理場確保に関する法律）を制定し、循環型社会の構築のしくみを確立した。さらに廃棄物政策の関連で言えば、この「循環経済・廃棄物法」に基づいて、1998 年には廃自動車の処理とリサイクルの方法を定めた「廃自動車政令」が、2001 年には生ごみの埋め立て禁止と有機肥料化を定めた「バイオ廃棄物政令」などが施行された
2： エコ・フライヴィリヒ Öko FreiWillig のパンフレットより
3： 2017 年 11 月 3 日、市内北部にあるザンクトガブリエル・リサイクリングセンター（Recyclinghof St. Gabriel）を訪問した。事務所棟で職員の方の話を聞いた後、敷地内を案内してもらった
4： ASF（2012）1887-2012 125 Jahre Freiburger Müllabfuhr und Stadtreinigung
5： フライブルク市（2018）統計サイトより作成
https://fritz.freiburg.de:8443/Informationsportal//

第 13 章

1：「ヴィーレ発電所」プロジェクトを手掛けた NPO エコトリノーヴァ（ECOtrinova e.V.）の代表にヒアリングを行った。そのヒアリング調査に基づいてまとめる。ヒアリング日時、場所に関しては次のようになっている
ヒアリング日時：2015 年 9 月 2 日（水）12:00 〜 14:00

ヒアリング場所：名古屋大学ヨーロッパセンター（European Center of Nagoya University）
2： エコトリノーヴァ（2015）「ヴィーレ発電所」プロジェクトの最終報告より作成
　　　http://ecotrinova.de/downloads/2015/150115Abschlussbericht-KWW_final_mitAnhang3_prot.pdf
3： Löser博士のコジェネレーションに関するプレゼン資料（2015年）より

第14章

1： ドイツ連邦内務省、連邦政治教育センター（Bundeszentrale für politische Bildung）のホームページより引用
　　　http://www.bpb.de/wissen/CDCEBU
2： 国際連合食糧農業機関（2018）The State of World Fisheries and Aquacultureを元に作成
　　　http://www.fao.org/fishery/en
3： 魚のない寿司ホームページより
　　　http://woistderfischsushi.weebly.com/catering.html
4： 海の地図帳2017（MEERESATLAS 2017：Heinrich-Boll-Stiftung Schleswig-Holstein e.V.監修）より引用
　　　https://meeresatlas.org/
5： ドライザム・クリーンアップホームページより
　　　http://dreisamcleanup.de/blog/
6： 日本で海から一番遠い地点、長野県佐久間市のホームページより
　　　https://www.city.saku.nagano.jp/kanko/spot/nature/umikaratoi.html

第15章

1： 本章は2016年11月5日土曜日に新田純奈さんと共同取材した結果などを環境自治体白書に記載したものを加筆修正したものである。中口毅博・新田純奈（2017）ドイツ・フライブルクの環境学習支援施設『環境自治体白書2016-2017年版』所収、pp.46-60
2： ヴァルトハウス年間プログラム2016（Das Jahresprogramm）とヒアリング結果をもとに作成
　　　https://www.waldhaus-freiburg.de/angebote/jahresprogramm

第16章

1： ストックホルム国際平和研究所（Stockholm International Peace Research Institute：SIPRI）による武器の国際取引レポート「Trends in international arms transfers, 2017」2018年3月発行
　　　https://www.sipri.org/sites/default/files/2018-03/fssipri_at2017_0.pdf
2： 武器輸出に対するリレー行進2018（STAFFELLAUF2018 gegen Rüstungsexporte）平和が行く（Frieden geht）ホームページより作成
　　　https://www.frieden-geht.de/wp-content/uploads/2017/12/Gesamtstrecke_Update-21_12_17.jpg
3： 同イベント・プレス用写真
　　　https://www.flickr.com/photos/140010041@N08
4： 武器貿易を阻止するためのグローバルネット（Global net - stop the Arms trade）
　　　https://www.gn-stat.org/

第17章

1： ヴェンツィンガー実科学校ホームページ
　　　http://www.wentzinger-rs.de/home/

2： エコトリノーヴァ（2013）ヴェンツソーラー―太陽光発電および生徒のエネルギーアドバイザー（WentzSolar avec PV et eleves-conseillers en energie）
http://www.ecotrinova.de/downloads/090806ffreiburgwentzsolarinfo.pdf
2014 年 1 月 22 日のヒアリング結果による
3： 2018 年 9 月 10 日にアイネ・ヴェルト・フォーラム事務所にてヒアリング
4： アイネ・ヴェルト・フォーラムホームページより整理
https://ewf-freiburg.de/
5： アイネ・ヴェルト・フォーラムホームページのイベントカレンダーより集計
https://ewf-freiburg.de/veranstaltungen/
6： 17 の目標と 17 の場所（バーデン＝ヴュルテンベルク州政府）より
https://www.deab.de/publikationen/detail/broschuere-17-ziele-an-17-orten-die-globalen-nachhaltigkeitsziele-in-baden-wuerttemberg/

終章
1： ドイツは若者の長期ボランティア活動を促進する仕組みを制度化しているが、代表的なものとして 1964 年に制定された社会福祉奉仕活動促進法（Freiwilliges Soziales Jahr：FSJ）や 1993 年に制定された環境保護奉仕活動促進法（Freiwilliges Ökologisches Jahr：FÖJ）がある。これらの制度は、枠組みは連邦法でありながら、実際に運営しているのは NGO であり、政府が過度に干渉することなく市民参加を支援している成功例として高い評価を受けてきた。さらに 2008 年には FSJ と FÖJ を統合し、青少年ボランティア促進法（Gesetz zur Förderung von Jugendfreiwilligendiensten）が制定され、さらに 2011 年には徴兵制の停止と同時に連邦ボランティア法（Gesetz über den Bundesfreiwilligendienst）が制定された。
渡部聡子（2009）「ドイツの奉仕活動制度―民間役務法 14c 条追加をめぐる議論を中心に―」『ヨーロッパ研究 8』東京大学ドイツ・ヨーロッパ研究センター、pp.101-117
http://www.desk.c.u-tokyo.ac.jp/download/es_8_Watanabe.pdf
松下啓一（2016）「ボランティアと有償制度―ドイツの制度（相模女子大学講演録）」
https://blog.goo.ne.jp/opin/e/3a51eccd972354ebe84ae35c5d20f1fa
2： 国土交通省国土審議会（2012）『「国土の長期展望」中間とりまとめ』p.24
http://www.mlit.go.jp/policy/shingikai/kokudo03_sg_000030.html
3： 以下のアイデアは、㈳SDGs 市民社会ネットワーク事務局長の新田英理子氏のヒアリングを参考にまとめたものである。
4： 環境自治体会議「マイ SDGs 宣言」ホームページ
http://www.colgei.org/mysdgs_main/
5： 中口毅博（2018）「群馬県内市町村における持続可能な地域づくりの課題と解決策―奪い合いから分かち合いによる地方創生―」『群馬自治』357 号、pp.3-5
6： 中口毅博（2015）「岡山県矢掛町：矢掛高校を中心とした地域ぐるみ ESD―"地域に支えられる学校"から"地域を支える学校"へ」『環境自治体白書 2014-2015 年版』pp.48-62
7： ODA 案件検索ページ、外務省
https://www3.mofa.go.jp/mofaj/gaiko/oda/search.php
8： 川嵜孝之（2019）「カンボジアにおける「水へのアクセス」改善支援の取り組み」『環境自治体白書 2018-2019』生活社
9： 水への恩返しプロジェクト（carrying-water-project）大野市
http://www.carrying-water-project.jp/

おわりに

　「政治家が何かをするのを待つのではなく、自分たちでできることをしようと思った」。ドイツの市民団体に話を聞くとこんな言葉を度々耳にする。日本人がドイツ市民から一番学べることは、ここにあるのではないだろうか。ボトムアップで市民が社会を作る、政治の主役は自分たちである、そんなフライブルク市民の意気込みが本書を通して伝われば非常に嬉しい。

　とはいえ、この本で取り上げた以外にもフライブルクではさまざまな分野で市民団体が活動している。掲載した団体であっても紹介しきれなかった部分も多い。ドイツやフライブルクの市民社会がいかにダイナミックであるかを語るには、自分の能力もページも足りないと痛感する。

　本の出版に際し、快くインタビューに応じてくれた市民団体や企業・公社、とりわけ、多忙な中プライベートの時間を削り話をしてくれた方々にまずお礼を述べたい。また学芸出版社の前田裕資さん、編集協力の村角洋一さんには、完成まで辛抱強く付き合っていただいた。スケジュールの遅れや諸事情の変更にもかかわらず出版できたことに改めて感謝したい。

　この本は共著ではあるが、私熊崎が執筆したのは 4・3 節、6、10、14、16 章のみで、他の章節と取りまとめは中口さんが担当された。ヒアリングのほとんどは共同で行い、私の方で中口さんの原稿に加筆したり、独語から和訳をした部分もあるが、この書はフライブルク市民の取り組みを日本に伝えたいという中口さんの熱意の賜物である。その契機としては、すでに書籍などでフライブルクを日本に紹介されている今泉みね子さん、村上敦さん、前田成子さんの功績が大きい。フライブルクに一時滞在していた新田純奈さん、髙木紗弥さん、芝井彰さん、フライブルクをテーマに卒論を書いた研究室の元学生さんたちも本書作成に大きく貢献されたという。

　最後に、本の仕上げ段階に長女の出産が重なってしまい、皆さんにご迷惑をおかけしたことを深くお詫びする。また大変な時期にいろいろサポートしてくれた夫と、フライブルクの友人たちに心から感謝を捧げる。

2019 年 7 月　熊崎実佳

著者

中口毅博（なかぐちたかひろ）　　執筆担当：序章、1〜3章、4章1〜2節、5章、7〜9章、11〜13章、15章、17章、終章

静岡県三島市生まれ、筑波大学比較文化学類卒業、博士（学術）
芝浦工業大学環境システム学科教授、（特非）環境自治体会議環境政策研究所所長。
自治体の環境政策を専門とし、地域創生やSDGsに関わる教育・啓発活動を自ら実践する。主な編著書に『環境自治体白書』（生活社、毎年発行）『環境マネジメントとまちづくり―参加とコミュニティガバナンス』（学芸出版社、2004年）『環境自治体づくりの戦略―環境マネジメントの理論と実践―』（ぎょうせい、2002年）など。

熊崎実佳（くまざきみか）　　執筆担当：4章3節、6章、10章、14章、16章

東京都昭島市出身。2010年よりフライブルク市在住。通訳兼フリーライター。
環境保護や反原発運動などに関わっており、市民団体と広いネットワークを持つ。エネルギーコンサルティングを行うドイツ人の夫と、二人の子どもと暮らす。

SDGs先進都市フライブルク
市民主体の持続可能なまちづくり

2019年9月1日　第1版第1刷発行

著　者………中口毅博・熊崎実佳
発行者………前田裕資
発行所………株式会社 学芸出版社
　　　　　　京都市下京区木津屋橋通西洞院東入
　　　　　　電話 075-343-0811　〒600-8216
　　　　　　http://www.gakugei-pub.jp/
　　　　　　E-mail:info@gakugei-pub.jp
装　丁………KOTO DESIGN Inc. 山本剛史
編集協力………村角洋一デザイン事務所
印　刷………イチダ写真製版
製　本………新生製本

Ⓒ中口毅博・熊崎実佳、2019
ISBN 978-4-7615-2713-6　　　　　Printed in Japan

JCOPY 〈(社)出版者著作権管理機構委託出版物〉
本書の無断複写（電子化を含む）は著作権法上での例外を除き禁じられています。複写される場合は、そのつど事前に、(社)出版者著作権管理機構（電話03-5244-5088、FAX 03-5244-5089、e-mail: info@jcopy.or.jp）の許諾を得てください。
また本書を代行業者等の第三者に依頼してスキャンやデジタル化することは、たとえ個人や家庭内での利用であっても著作権法違反です。

好評発売中

ドイツの地方都市はなぜクリエイティブなのか
質を高めるメカニズム
小さく賢く進化するエアランゲンのつくり方

高松平藏 著

四六判・188頁・定価 本体1900円+税 〔2016年〕

フライブルクのまちづくり
ソーシャル・エコロジー住宅地ヴォーバン
ドイツで最もサステイナブルなコミュニティ

村上 敦 著

A5判・256頁・定価 本体2600円+税 〔2007年〕

ドイツのコンパクトシティはなぜ成功するのか
近距離移動が地方都市を活性化する
地方都市のコンパクト化、成功と失敗の本質

村上 敦 著

A6判・252頁・定価 本体2200円+税 〔2017年〕

なぜドイツではエネルギーシフトが進むのか
ドイツに学ぶ地域経済を潤すエネルギー転換

田口理穂 著

四六判・208頁・定価 本体2000円+税 〔2015年〕

ドイツの市民エネルギー企業
100%再生可能へ!
エネルギーのしくみを変えるビジネス最前線

村上 敦・池田憲昭・滝川 薫 著

A5判・204頁・定価 本体2200円+税 〔2014年〕

ドイツの地域再生戦略
コミュニティ・マネージメント
社会関係の強化から取り組む再生事業を紹介

室田昌子 著

A5判・256頁・定価 本体2800円+税 〔2010年〕

ドイツの地方都市はなぜ元気なのか
小さな街の輝くクオリティ
中小都市の質を高め、魅力を育むしくみとは

高松平藏 著

四六判・224頁・定価 本体1800円+税 〔2008年〕

都市・地域の持続可能性アセスメント
人口減少時代のプランニングシステム
総合的、長期的地域づくりの不可欠な手法

原科幸彦・小泉秀樹 編著

A5判・264頁・定価 本体3200円+税 〔2015年〕

オランダの持続可能な国土・都市づくり
空間計画の歴史と現在
地域環境管理技術と合意形成システムを学ぶ

角橋徹也 著

A5判・272頁・定価 本体3200円+税 〔2009年〕

ドイツ・縮小時代の都市デザイン
人口減少社会を生き抜くドイツの姿勢と政策

服部圭郎 著

A5判・240頁・定価 本体2600円+税 〔2016年〕